Birkhäuser

Baukonstruktionen
Band 14

Herausgegeben von
Anton Pech

Anton Pech
Walter Müller
Franz Zach

Fußböden

unter Mitarbeit von
Georg Pommer

Birkhäuser
Basel

Dipl.-Ing. Dr. techn. Anton PECH
Bmstr. Dipl.-Ing. Walter MÜLLER
Dipl.-Ing. Dr. techn. Franz ZACH
Wien, Österreich

unter Mitarbeit von
Dipl.-Ing. Georg POMMER
Wien, Österreich

Korrektorat: le-tex publishing services GmbH, Deutschland, Leipzig | Mag. Angelika Heller, Wien, Österreich
Layout und Satz: Dr. Pech Ziviltechniker GmbH, Wien, Österreich
Reihencover: Sven Schrape, Berlin, Deutschland
Druck und Bindearbeiten: BELTZ Bad Langensalza GmbH, Deutschland, Bad Langensalza

Library of Congress Cataloging-in-Publication data
A CIP catalog record for this book has been applied for at the Library of Congress.

Bibliografische Information der Deutschen Nationalbibliothek
Die Deutsche Nationalbibliothek verzeichnet diese Publikation in der Deutschen Nationalbibliografie; detaillierte bibliografische Daten sind im Internet über http://dnb.dnb.de abrufbar.

Der Abdruck der zitierten ÖNORMen erfolgt mit Genehmigung des Austrian Standards Institute (ASI), Heinestraße 38, 1020 Wien.
Benutzungshinweis: ASI Austrian Standards Institute, Heinestraße 38, 1020 Wien
Tel.: ++43-1-21300-300, E-Mail: sales@austrian-standards.at

Dieses Buch ist auch als E-Book (ISBN PDF 978-3-0356-0829-8; ISBN EPUB 978-3-0356-0825-0) erschienen.

© 2016 Birkhäuser Verlag GmbH, Basel
Postfach 44, 4009 Basel, Schweiz
Ein Unternehmen von Walter de Gruyter GmbH, Berlin/Boston

Gedruckt auf säurefreiem Papier, hergestellt aus chlorfrei gebleichtem Zellstoff. TCF ∞

Printed in Germany

ISSN 1614-1288
ISBN 978-3-0356-1022-2

9 8 7 6 5 4 3 2 1   www.birkhauser.com

Vorwort zur 1. Auflage

Fußböden sollen unter anderem ausreichend verschleißfest, sicher begehbar, fußwarm, tritt- und schalldämmend, pflegeleicht, lichtecht, maßhaltig, gutaussehend und wenn möglich auch noch preisgünstig sein. Diese und viele andere Eigenschaften werden durch Fußbodenkonstruktionen mit unterschiedlichen Aufbauten und den Bodenbelag erfüllt, sofern sich Planer und Ausführende der Eigenschaften und Auswirkungen der Vielzahl von Schichten und deren Kombinationsmöglichkeiten bewusst sind.

Dieser Band der Fachbuchreihe beschreibt in kompakter Form gängige Fußbodenkonstruktionen und Bodenbeläge für den Hoch- und Industriebau sowohl für den Innen- als auch den Außenbereich. Neben den konstruktiven Merkmalen wird besonderer Wert auf Materialwahl, Gestaltung und Verarbeitung gelegt und der Bezug zu den geltenden Regelwerken und Normen hergestellt. Insbesondere werden Wärme- und Schallschutz sowie Praxisbeispiele von Fußbodengestaltungen im Wohnbau, Industriebau und Geschäftsbereich behandelt. Studierende sowie auch Planer und Ausführende erhalten einen kompakten Überblick über die grundlegenden Zusammenhänge und die wichtigsten Parameter, die das Funktionieren von Fußböden in Verbindung mit den jeweiligen Deckenkonstruktionen bestimmen.

Fachbuchreihe BAUKONSTRUKTIONEN

Inhaltsverzeichnis Band 14: Fußböden

Grundlagen

Die kulturelle Weiterentwicklung der Gesellschaften führte zu einem verstärkten Bedürfnis nach Schönheit, Qualität und Komfort. Dieses manifestiert sich in der Schaffung von Kunstwerken oder in einer Weiterentwicklung und Verfeinerung der Bauwerke, die ursprünglich rein funktionell zum Schutz vor Witterung errichtet wurden.

Die Böden, anfangs nackt aus eingeebnetem Erdreich, wurden in den Wohnstätten bald mit Fellen, Teppichen oder Mosaiken belegt, die Unebenheiten durch aufgebrachte Schichten ausgeglichen. Letztendlich wurden schon vor 2500 Jahren die Bodenflächen als Heizflächen benutzt. Räume mit großer Beanspruchung belegte man mit Steinplatten oder Pflaster. Mit der Entwicklung von hydraulisch gebundenen Mörteln wuchsen die Möglichkeiten, dauerhafte und praktische Bodenbeläge herzustellen.

Einsatzbereiche und Gestaltungsmöglichkeiten

Wird heute der Nutzwert oder die Qualität eines Gebäudes beurteilt, hat die Beschaffenheit und Güte des Fußbodens einen großen Einfluss. Nutzungsmöglichkeiten, Wohlbefinden und Behaglichkeit werden davon beeinflusst. Heute müssen Fußböden unter anderem sicher begehbar, fußwarm, tritt- und schalldämmend, ausreichend verschleißfest, pflegeleicht, lichtecht, eben, gutaussehend und wenn möglich auch noch preisgünstig sein.

Für den Belag und die darunterliegende Fußbodenkonstruktion gibt es eine Vielzahl von raumgestalterischen, baukonstruktiven, bauphysikalischen, und letztendlich wirtschaftlichen Gesichtspunkten, die je nach Zweckbestimmung der Räume und deren Belastungsart und -intensität die optimale Eignung eines Fußbodenaufbaues bestimmen.

Wohnbereich

In Wohnbereichen steht für die Belagswahl sicherlich der gestalterische Aspekt, der durch Modeströmungen beeinflusst wird, im Vordergrund. Demgegenüber ist der Fußbodenunterbau relativ einfach und durch die sich nicht stark ändernden bautechnischen und bauphysikalischen Anforderungen bestimmt. In den letzten Jahren hat die Bedeutung von Fußbodenheizungen zugenommen, die erhöhte Anforderungen an den Belag wie auch an die technische Ausführung stellen.

Nassraum

Bei Nassräumen ist es wichtig, das Nutzungsprofil zu definieren. Es geht immer um zusätzliche Beanspruchung durch Wasser, jedoch ist die Intensität der Belastung beispielsweise bei Duschanlagen in Hallenbädern weit höher als in Bädern von Wohnungen. Daraus entstehen auch andere Anforderungen an die Materialien oder sogar den gesamten Aufbau. Der Bodenbelag ist naturgemäß nässebeständig und auch rutschfest auszuführen. Zu den Erfordernissen zum Schutz gegen Feuchtigkeit kommen dann noch weitere wie z. B. Schallschutz, Fußbodenheizung oder Wärmedämmung, je nach konkreter Situation.

Mit Ausnahme der privaten Bäder und Sanitäranlagen ist bei Nassräumen der Bodenbelag praktisch immer im Gefälle zu einem Bodenablauf verlegt.

Küchen

Private Küchen sind wie Wohnräume zu betrachten – doch gewerbliche Küchen erfordern einen wesentlich robusteren Boden. Einerseits ist er wie ein Nassraumboden auszuführen, mit Abdichtungen und funktionierender Wasserableitung, andererseits unterliegt er als Arbeitsraum den Anforderungen an den Arbeitnehmerschutz (z. B. ausreichende Rutschfestigkeit auch bei Fett). Natürlich müssen auch die Hygienekriterien wie leichte Reinigbarkeit und antibakterielle Oberflächen erfüllt werden. Diese Forderungen sind in der Regel durch die Belagswahl zu erfüllen.

Industrie

Industrieböden zeichnen sich durch hohe mechanische Widerstandsfähigkeit und kostengünstige Herstellung aus. Gestalterische Aspekte treten hingegen in den Hintergrund. Oft werden Industrieböden direkt auf der Betonplatte mit geglätteter Oberfläche oder aus besonders vergüteten Verbundestrichen auf einer entsprechenden Unterkonstruktion hergestellt. Für Sonderanforderungen gibt es eine große Zahl von Sonderlösungen wie z. B. Versiegelungen oder Beschichtungen mit elektrischer Ableitfähigkeit.

Außenflächen

Außenflächen sind in ihrem Aufbau oft an Verkehrsflächen orientiert. Hier gibt es zumeist einen mineralisch gebundenen Unterbau und eine Tragschicht. Je nach Beanspruchung wird zwischen befahrbar und begehbar unterschieden, was sich zumeist in der Wahl des Belages oder Pflasters wiederspiegelt. Außenflächen müssen gut entwässern, dürfen nicht Auffrieren, auch nicht beim Einsatz von Tausalzen, und müssen rutschsicher sein. Zumeist werden Betonformsteine, Natursteinplatten oder Pflaster verlegt.

Sonderflächen

Zu den bekanntesten Sonderflächen sind wohl Garagen oder Böden in Einkaufszentren zu zählen. Schon diese beiden Beispiele zeigen die Bandbreite an möglichen Anforderungen. Bei Garagen ist die Rutschhemmung, Dichtigkeit, die farbliche Gestaltung und natürlich der Preis im Vordergrund, bei Einkaufszentren ist die edle Anmutung, die leichte Reinigbarkeit bei ausreichender Rutschsicherheit und die Beständigkeit auch bei hohen örtlichen Beanspruchungen wesentlich. Werden bei Garagen Kunstharzbeschichtungen verwendet, finden bei Einkaufszentren teure Steinplatten ihr Einsatzgebiet.

Kennwerte und Anforderungen

Bei der Festlegung eines Fußbodenaufbaues ist vom jeweiligen Anwendungsbereich und den konstruktiven Voraussetzungen auszugehen. Daraus resultieren dann die Anforderungen an die einzelnen Baustoffe und die Notwendigkeiten einzelner Schichten und deren Reihenfolge.

Allgemeine Eigenschaften von Oberflächen

Im Allgemeinen erwartet man von Fußböden, dass sie eben und waagrecht verlaufen. Die Beurteilung der Ausführungsqualität erfordert einzuhaltende und einhaltbare Grenzwerte – sogenannte Toleranzmaße. Liegt man innerhalb der definierten Grenzwerte, ist die Leistung als „der Norm entsprechend" anzusehen. Das zugehörige Dokument ist die ÖNORM DIN 18202 [109]. Natürlich sind auch schärfere Grenzwerte vertraglich vereinbar.

Bei Fußböden ist die Anforderung an die Ebenheit abhängig vom Bauteil und von der Nutzung definiert, was zum Ausdruck bringt, dass die Genauigkeit in der Bearbeitung hin zur fertigen Oberfläche zunehmen muss. Es ist einerseits auf eine entsprechende Genauigkeit bei der Herstellung der Unterkonstruktion zur Verlegung des Belages (nichtflächenfertige Oberseite) und andererseits in die Belagsoberfläche zu unterscheiden. Besonders den Ebenheitstoleranzen (Tabelle 140|1-03) ist bei geneigten Oberflächen zur gesicherten Wasserableitung erhöhte Aufmerksamkeit zu widmen. Werden an die Ebenheit von Oberflächen erhöhte Anforderungen gestellt, ist dies stets gesondert zu vereinbaren.

Ebenheitstoleranzen in der Herstellung

Abbildung 140|1-01: Begriffe Toleranzen – ÖNORM DIN 18202 [109]

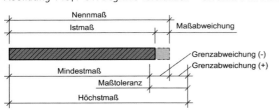

Tabelle 140|1-01: Grenzabweichungen – ÖNORM DIN 18202 [109] (auszugsweise)

Bezug	Grenzabweichung in mm bei Nennmaßen in m					
	bis 1	über 1 bis 3	über 3 bis 6	über 6 bis 15	über 15 bis 30	über 30
Maße im Grundriss, z. B. Längen, Breiten, Achs- und Rastermaße	±10	±12	±16	±20	±24	±30
Maße im Aufriss, z. B. Geschoßhöhe, Podesthöhen, Abstände von Aufstandsflächen und Konsolen	±10	±16	±16	±20	±30	±30
lichte Maße im Grundriss, z. B. Maße zwischen Stützen, Pfeilern usw.	±12	±16	±20	±24	±30	–
lichte Maße im Aufriss, z. B. unter Decken und Unterzügen	±16	±20	±20	±30	–	–

Tabelle 140|1-02: Grenzwerte für Winkelabweichungen – ÖNORM DIN 18202 [109]

Bezug	Stichmaße als Grenzwerte in mm bei Nennmaßen in m					
	bis 0,5	über 0,5 bis 1	über 1 bis 3	über 3 bis 6	über 6 bis 15	über 15 bis 30	über 30
vertikale, horizontale und geneigte Flächen	3	6	8	12	16	20	30

Tabelle 140|1-03: Grenzwerte für Ebenheitsabweichungen – ÖNORM DIN 18202 [109] (auszugsweise)

Bezug	Stichmaße als Grenzwerte in mm bei Messpunktabständen in m bis				
	0,1	1	4	10	15
nichtflächenfertige Oberseite von Decken, Unterbeton und Unterböden	10	15	20	25	30
nichtflächenfertige Oberseite von Decken, Unterbeton und Unterböden mit erhöhten Anforderungen, z. B. zur Aufnahme von schwimmenden Estrichen, Industrieböden, Fliesen- und Plattenbelägen, Verbundestrichen	5	8	12	15	20
fertige Oberfläche für untergeordnete Zwecke, z. B. in Lagerräumen, Keller					
flächenfertige Böden, z. B. Estriche als Nutzestriche, Estriche zur Aufnahme von Bodenbelägen, Bodenbeläge, Fliesenbeläge, gespachtelte und geklebte Beläge	2	4	10	12	15
wie flächenfertige Böden, jedoch mit erhöhten Anforderungen	1	3	9	12	15

Die Einhaltung von Toleranzen ist nur zu prüfen, wenn es erforderlich ist. Diese Prüfungen sind wegen der zeit- und lastabhängigen Verformungen so früh wie möglich durchzuführen, spätestens jedoch bei der Übernahme der Bauteile oder des Bauwerks durch den Folgeauftragnehmer oder unmittelbar nach Fertigstellung des Bauwerks. Gemäß ÖNORM DIN 18202 [109] bleibt die Wahl des

Messverfahrens dem Prüfer überlassen. Das dabei angewandte Messverfahren und die damit verbundene Messunsicherheit sind anzugeben und bei der Beurteilung zu berücksichtigen.

Wärmedämmung

140|1|2|2

Dämmschichten innerhalb von Fußbodenaufbauten verbessern nicht nur den Wärmeschutz, sondern in der Regel auch den Schallschutz. Die Mindestwärmedämmung von Fußböden – oder besser von Decken – ist durch die OIB Richtlinie 6 [48] definiert, wobei das praktisch nur dann wesentlich ist, wenn gegen kalte Bereiche gedämmt werden muss. Das gilt umso mehr, wenn eine Fußbodenheizung eingebaut ist. Liegt die Wärmedämmung unter der Trittschalldämmung, ist darauf zu achten, dass diese für den Einbau im Fußboden geeignet ist. Es werden oftmals auch Beschüttungen mit guten Wärmedämmeigenschaften eingebaut.

Anforderungen Wärmeschutz nach OIB Richtlinie 6

Tabelle 140|1-04: höchstzulässige Wärmedurchgangskoeffizienten (U-Werte) in W/m²K
– OIB Richtlinie 6 [48]

Decken gegen Außenluft und gegen Dachräume (durchlüftet oder gedämmt)	0,20
Decken gegen unbeheizte Gebäudeteile	0,40
Decken gegen getrennte Wohn- und Betriebseinheiten	0,90
Decken innerhalb von Wohn- und Betriebseinheiten	–
Decken über Außenluft (z. B. über Durchfahrten, Parkdecks)	0,20
Decken gegen Garagen	0,30
Böden erdberührt	0,40

Fußwärme

140|1|2|3

Warme Füße sind eine Sache der Behaglichkeit und werden durch das entsprechende Raumklima beeinflusst. Ebenfalls aber ist Fußwärme eine Forderung aus dem Arbeitnehmerschutz. Sie wird erzielt entweder, wenn der Boden unter dem Fuß nur geringfügig kühler ist als der Fuß selbst oder aber, wenn die Wärmeleitung des Bodens so klein ist, dass kein nennenswerter Wärmestrom vom Fuß abgeleitet werden kann. Entscheidend dafür ist der Bodenbelag. Fußwarme Böden sind alle Textilbeläge sowie Holz- und Korkböden.

Fußwärme ist das Empfinden der Oberflächentemperatur bei Berührung.

Physikalisch wird unter Fußwärme das Empfinden der Oberflächentemperatur bei Berührung mit der bloßen Haut verstanden, bei der eine mehr oder weniger starke Wärmeübertragung stattfindet. Der maßgebliche Parameter ist dabei der Wärmeeindringkoeffizient (Wärmeeindringzahl), der von der Wärmeleitfähigkeit, der Rohdichte und der spezifischen Wärmekapazität abhängig ist.

$$b = 0,06 \cdot \sqrt{\lambda \cdot \rho \cdot c}$$

(140|1-01)

b	Wärmeeindringkoeffizient, Wärmeeindringzahl	kJ/m²h^{0,5}K
λ	Wärmeleitfähigkeit	W/mK
ρ	Rohdichte	kg/m³
c	spezifische Wärmekapazität	J/kgK

Je größer der Wert des Wärmeeindringkoeffizienten, umso schneller speichert der Stoff die Wärme, d. h. umso schneller fließt die Wärme in das Innere des Stoffes und umso kälter empfindet man dadurch seine Oberfläche bei Berühren. Zur Abschätzung der Anfangskontakttemperatur zwischen zwei Körpern kann Formel (140|1-02) herangezogen werden, wobei Stoffe dann als „warm" empfunden werden, wenn die Differenz zwischen Anfangskontakttemperatur und Körpertemperatur nur sehr gering ist.

Tabelle 140|1-05: Fußwärme in Abhängigkeit vom Wärmeeindringkoeffizient

Empfinden der Oberflächentemperatur	kJ/m²s^{0,5}K	kJ/m²h^{0,5}K
warm	<0,30	<18
angenehm	0,30 – 0,80	18 – 48
kalt	>0,80	>48
unangenehm	>2,50	>150

$$T_m = \frac{b_1 \cdot T_1 + b_2 \cdot T_2}{b_1 + b_2}$$

(140|1-02)

T_m	Anfangskontakttemperatur	°C oder K
T_1, T_2	Anfangstemperaturen der beiden Körper	°C oder K
b_1, b_2	Wärmeeindringkoeffizienten der beiden Körper	kJ/m²h^{0,5}K

Tabelle 140|1-06: Wärmeeindringkoeffizienten einiger Stoffe

	kJ/m²s^{0,5}K	kJ/m²h^{0,5}K
Dämmstoff (Mineralfasern)	0,06	3,6
Kork	0,10 – 0,13	6 – 8
Holz	0,4 – 0,5	24 – 30
Gummi	0,6	36
menschliche Haut	1,0 – 1,3	60 – 78
Ziegel	0,8	48
Glas	1,3 – 1,5	78 – 90
Wasser	1,6	96
Beton	1,8 – 2,2	108 – 132
Stahl	14,0	840
Aluminium	24	1440
Kupfer	36,0	2160

Trittschallschutz

140|1|2|4

Beim Begehen von Böden wird dieser in Schwingungen versetzt, die auch im hörbaren Bereich liegen – das Phänomen von hörbaren Schritten ist wohl bekannt. Um damit verbundene Störungen zu vermindern, sind entkoppelte Aufbauten – also Aufbauten mit zwei massiven Schichten und einer dazwischen liegenden, weichen Dämmschicht üblich. Diese Konstruktionen werden „schwimmende" Konstruktionen genannt. Wesentlich bei schwimmenden Konstruktionen (z. B. Estrichen) ist, dass sie tatsächlich „schwimmen", also kein Kontakt mit anderen, festen Bauteilen besteht. Und ebenso bedeutsam ist, dass die entkoppelnde Dämmlage vollständig und ungestört ihre Funktion erfüllen kann.

Ganz allgemein wird unter dem Trittschallschutz der Pegel verstanden, der sich bei der Übertragung eines genormten Klopfgeräusches auf eine Decke unter dieser ergibt. Durch übliche Wohngeräusche wie Gehen, Stuhlrücken, Betrieb von Haushaltsgeräten wird eine Decke unmittelbar zu Körperschallschwingungen angeregt, welche im darunter liegenden Raum abgestrahlt werden.

Gemäß OIB Richtlinie 5 [47] sind die Anforderungen an den bewerteten Standard-Trittschallpegel L'$_{nT,w}$ in Räumen ohne Berücksichtigung eines den Einrichtungsgegenständen zuzuordnenden Gehbelages (z. B. Teppichböden, Teppiche, Matten) zu erfüllen, in dauerhafter Art und Weise aufgebrachte Gehbeläge (z. B. Estriche, Klebeparkett, Fliesenbelag) können berücksichtigt werden. Für Beherbergungsstätten sowie bei nicht allgemein zugänglichen Balkonen ist es zulässig, die Anforderungen durch ständig vorhandene, trittschalldämmende Gehbeläge (z. B. Spannteppich, aufgeklebte Textilbeläge, Kunststoffböden, Linoleum) nachzuweisen.

Trittschallschutz wird durch den Schallpegel, der durch ein genormtes Klopfgeräusch in den daran angrenzenden Räumen entsteht, definiert.

Anforderungen Trittschallschutz nach OIB Richtlinie 5

Tabelle 140|1-07: höchstzulässiger bewerteter Standard-Trittschallpegel L'ₙₜ,w – OIB Richtlinie 5 [47]

in	aus	$L'_{nT,w}$ [dB]
Aufenthaltsräume	Räumen anderer Nutzeinheiten (Wohnungen, Schulen, Kindergärten, Krankenhäusern, Hotels, Heimen, Verwaltungs- und Bürogebäuden und vergleichbare Nutzungen)	48
	allgemein zugänglichen Terrassen, Dachgärten, Balkonen, Loggien und Dachböden	48
	allgemein zugänglichen Bereichen (z. B. Treppenhäusern, Laubengängen)	50
	nutzbaren Terrassen, Dachgärten, Balkonen, Loggien und Dachböden	53
Nebenräume	Räumen anderer Nutzeinheiten (Wohnungen, Schulen, Kindergärten, Krankenhäusern, Hotels, Heimen, Verwaltungs- und Bürogebäuden und vergleichbare Nutzungen)	53
	allgemein zugänglichen Terrassen, Dachgärten, Balkonen, Loggien und Dachböden	53
	allgemein zugänglichen Bereichen (z. B. Treppenhäusern, Laubengängen)	55
	nutzbaren Terrassen, Dachgärten, Balkonen, Loggien und Dachböden	58

Als andere Nutzeinheit sind bei Schulen die einzelnen Klassenzimmer, bei Kindergärten einzelne Gruppenräume, bei Krankenhäusern einzelne Krankenzimmer, bei Hotels einzelne Hotelzimmer, bei Heimen einzelne Heimzimmer, bei Verwaltungs- und Bürogebäuden aber die fremdbenutzten Betriebseinheiten zu sehen.
Bei Gebäuden mit gemischter Nutzung sind die Anforderungen entsprechend der speziellen Raumnutzung anzuwenden.

Der bewertete Standard-Trittschallpegel L'ₙₜ,w resultiert aus dem äquivalenten bewerteten Norm-Trittschallpegel Lₙ,eq,w der Rohdecke und einer Korrektur für die Trittschallübertragung über die massiven flankierenden Bauteile. Zur Berücksichtigung der Alterung des Trittschalldämmstoffes ist ein Zuschlag von 3 dB zum errechneten Wert des Standard-Trittschallpegels zu berücksichtigen.

$$L'_{nT,w} = L_{n,eq,w} - \Delta L_w + K - 10 \cdot \lg V + 14{,}9$$
$$L'_{nT,w} = L_{n,w} + K - 10 \cdot \lg V + 14{,}9$$
$$L_{n,w} = L_{n,eq,w} - \Delta L_w$$

(140|1-03)

$L'_{nT,w}$	bewertete Standard-Trittschallpegel	dB
$L_{n,w}$	bewerteter Normtrittschallpegel	dB
$L_{n,eq,w}$	äquivalenter bewerteter Norm-Trittschallpegel der Rohdecke	dB
ΔL_w	bewertete Trittschallminderung durch die Deckenauflage	dB
K	Korrektur für die Trittschallübertragung über die massiven flankierenden Bauteile	dB
V	Rauminhalt des Empfangsraumes	m³

Für die Anforderung an die bewertete Trittschallminderung $\Delta L_{w,erf}$ kann Gleichung (140|1-03) bei gegebener Rohdecke und dem zur Erfüllung des höchstzulässigen Standard-Trittschallpegels L'ₙₜ,w,zul (Tabelle 140|1-07) der fertigen Decke erforderlichen Mindestwerte der bewerteten Trittschallminderung umgeformt werden.

$$\Delta L_{w,erf} = L_{n,eq,w} + K + 3 - 10 \cdot \lg V + 14{,}9 - L'_{nT,w,zul}$$

(140|1-04)

Die bewertete Trittschallminderung ΔL_w eines Fußbodens kann entweder durch eine Eignungsprüfung gemäß ÖNORM EN ISO 140-8 [128] ermittelt oder aus Richtwerten berechnet werden.

Für schwimmende Zement- oder Calciumsulfatestriche gilt für das Trittschallverbesserungsmaß entsprechend der dynamischen Steifigkeit und der Estrichmasse Tabelle 140|1-08, für Gussasphaltestriche oder schwimmend verlegte Trockenestrichkonstruktionen Formel (140|1-05). Richtwerte für die dynamische Steifigkeit s´ von Dämmschichten siehe Tabelle 140|2-34.

$$\Delta L_w = 34 + 14{,}8 \cdot \log\left(\frac{m'}{60}\right) - \left(14{,}0 + \frac{m'-60}{200} \cdot 1{,}5\right) \cdot \log\left(\frac{s'}{5}\right)$$

(140|1-05)

m'	flächenbezogene Masse der Estrichplatte	kg/m²
s'	dynamische Steifigkeit Dämmstoff	MN/m³

Tabelle 140|1-08: Trittschallverbesserungsmaß schwimmender Estriche aus Zement oder Calciumsulfat – ÖNORM B 8115-4 [108]

dynamische Steifigkeit s' [MN/m³]	flächenbezogene Masse m' der Estrichplatte [kg/m²]					
	60	80	100	120	140	160
5	34,0	35,8	37,3	38,5	39,4	40,3
6	32,9	34,6	35,9	37,0	37,9	38,6
7	32,0	33,6	34,8	35,8	36,5	37,2
8	31,1	32,7	33,8	34,7	35,4	35,9
9	30,4	31,9	32,9	33,7	34,3	34,8
10	29,8	31,2	32,2	32,9	33,4	33,8
15	27,3	28,5	29,2	29,6	29,9	30,0
20	25,6	26,5	27,0	27,3	27,4	27,4
30	23,1	23,8	24,1	24,1	23,9	23,6
40	21,4	21,9	21,9	21,7	21,4	20,9
50	20,0	20,3	20,3	20,0	19,4	18,8

Die Korrektur für die Trittschallübertragung über die massiven flankierenden Bauteile K ergibt sich aus ÖNORM B 8115-4 [108] in Verbindung mit ÖNORM EN 12354-2 [114].

Tabelle 140|1-09: Korrektur K für die Trittschallübertragung in den flankierten Bauteilen gemäß ÖNORM EN 12354-2 [114]

flächenbezogene Masse des trennenden Bauteils (Decke) [kg/m²]	mittlere flächenbezogene Masse der homogenen flankierenden Bauteile, die nicht mit Vorsatzkonstruktionen belegt sind [kg/m²]								
	100	150	200	250	300	350	400	450	500
100	1	0	0	0	0	0	0	0	0
150	1	1	0	0	0	0	0	0	0
200	2	1	1	0	0	0	0	0	0
250	2	1	1	1	0	0	0	0	0
300	3	2	1	1	1	0	0	0	0
350	3	2	1	1	1	1	0	0	0
400	4	2	2	1	1	1	1	0	0
450	4	3	2	2	1	1	1	1	0
500	4	3	2	2	1	1	1	1	1
600	5	4	3	2	2	1	1	1	1
700	5	4	3	3	2	2	2	1	1
800	6	4	4	3	2	2	2	1	1
900	6	5	4	3	3	2	2	2	2

Tabelle 140|1-10: bewertete Trittschallminderung ΔL_w schwimmender Holzfußböden auf Massivdecken – ÖNORM B 8115-4 [108]

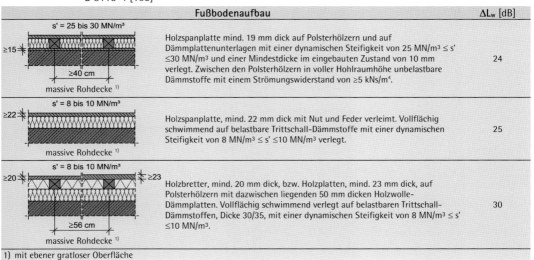

Fußbodenaufbau		ΔL_w [dB]
s' = 25 bis 30 MN/m³ ≥15 ≥40 cm massive Rohdecke [1]	Holzspanplatte mind. 19 mm dick auf Polsterhölzern und auf Dämmplattenunterlagen mit einer dynamischen Steifigkeit von 25 MN/m³ ≤ s' ≤30 MN/m³ und einer Mindestdicke im eingebauten Zustand von 10 mm verlegt. Zwischen den Polsterhölzern in voller Hohlraumhöhe unbelastbare Dämmstoffe mit einem Strömungswiderstand von ≥5 kNs/m⁴.	24
s' = 8 bis 10 MN/m³ ≥22 massive Rohdecke [1]	Holzspanplatte, mind. 22 mm dick mit Nut und Feder verleimt. Vollflächig schwimmend auf belastbare Trittschall-Dämmstoffe mit einer dynamischen Steifigkeit von 8 MN/m³ ≤ s' ≤10 MN/m³ verlegt.	25
s' = 8 bis 10 MN/m³ ≥20 ≥23 ≥56 cm massive Rohdecke [1]	Holzbretter, mind. 20 mm dick, bzw. Holzplatten, mind. 23 mm dick, auf Polsterhölzern mit dazwischen liegenden 50 mm dicken Holzwolle-Dämmplatten. Vollflächig schwimmend verlegt auf belastbaren Trittschall-Dämmstoffen, Dicke 30/35, mit einer dynamischen Steifigkeit von 8 MN/m³ ≤ s' ≤10 MN/m³.	30

1) mit ebener gratloser Oberfläche

Weitere Verbesserungen durch weichfedernde Gehbeläge können laut ÖNORM B 8115-4 [108] berücksichtigt werden. Nachdem ihre Wirkung aber gering ist und ihre Existenz Teil der Einreichung und nicht Teil der Baukonstruktion ist, wird auch wegen der möglichen Austauschbarkeit von Gehbelägen von ihrer schalltechnischen Berücksichtigung abgeraten.

Bei Berücksichtigung des Gehbelages auf einem schwimmenden Estrich dürfen die Werte für die bewertete Trittschallminderung nicht addiert werden. Bei zwei oder mehr Dämmschichten übereinander ist die dynamische Gesamt-Steifigkeit nach Formel (140|1-06) zu berechnen. Werden auf Faserdämmstoffen mit einer dynamischen Steifigkeit s′ von 5 bis 50 MN/m³ 1,5 cm dicke Holzwolle-Dämmplatten aufgelegt, so erhöht sich die bewertete Trittschallminderung ΔL_w um mindestens 4 dB.

Verbesserungen des Trittschallschutzes durch Beläge bedingt möglich aber auch problematisch.

$$s'_{tot} = \left(\sum_{i=1}^{n} \frac{1}{s'_i} \right)^{-1}$$

(140|1-06)

s'_{tot} dynamische Gesamt-Steifigkeit   MN/m³

Tabelle 140|1-11: Richtwerte für die bewertete Trittschallminderung ΔL_w von weichfedernden Bodenbelägen für Massivdecken – ÖNORM B 8115-4 [108]

Verbundbeläge	ΔL_w [dB]
Linoleum-Verbundbelag	14
Kunststoff-Verbundbelag mit genadeltem Jutefilz als Träger	13
Kunststoff-Verbundbelag mit Korkment als Träger	16
Kunststoff-Verbundbelag mit Unterschicht aus Schaumstoff	16
Kunststoff-Verbundbelag Synthesefaser-Vliesstoff als Träger	13
textile Fußbodenbeläge	
Nadelfilz, Dicke = 5 mm	20
Polteppiche	
Unterseite geschäumt, sichtbare Dicke (e_a) = 4 mm	19
Unterseite geschäumt, sichtbare Dicke (e_a) = 6 mm	24
Unterseite geschäumt, sichtbare Dicke (e_a) = 8 mm	28
Unterseite ungeschäumt, sichtbare Dicke (e_a) = 4 mm	19
Unterseite ungeschäumt, sichtbare Dicke (e_a) = 6 mm	21
Unterseite ungeschäumt, sichtbare Dicke (e_a) = 8 mm	24

Tabelle 140|1-12: Richtwerte für die resultierende bewertete Trittschallminderung ΔL_w – ÖNORM B 8115-4 [108]

$\Delta L_{1,w}$ [dB]	$\Delta L_{2,w}$ [dB]	ΔL_w [dB]
15	≤14	15
	15	16
20	≤18	20
	19	21
	20	22
23	<19	23
	21	25
	23	27
25	≤17	25
	19	26
	21	27
	23	29
	25	31
27	23	32
	25	34
	27	36
>27	>27	≥37

$\Delta L_{1,w}$ Trittschallminderung durch schwimmenden Estrich oder Holzfußboden
$\Delta L_{2,w}$ Trittschallminderung durch weichfedernden Gehbelag

Feuchtigkeit, Diffusionswiderstand

Generell ist in Räumen von Neubauten schon alleine durch das Wasser, welches bei der Herstellung des Bauwerks eingebracht wurde, viel Feuchtigkeit vorhanden. Im Zuge der immer rascheren Baufortschritte kann dieses Wasser bis zur Endausgestaltung der Räume oft nicht mehr vollständig austrocknen. Zusätzlich wird Wasser durch Nässeeintritte bei der Bauführung und letztlich auch durch die Nutzung selbst eingebracht.

Bei empfindlichen Bodenbelägen wie beispielsweise Parkettbelägen oder aber bei verklebten, dichten Belägen oder Beschichtungen kann aber die im Zuge der beginnenden Nutzung austrocknende Restfeuchte Schäden verursachen – so können unter den dichten Belägen Blasen entstehen und die Klebstoffe durch erhöhte Feuchtigkeit verseifen und ihre Klebekraft verlieren oder Hölzer verfärben oder verkrümmen sich. Deshalb wird in diesen Fällen eine feuchtigkeitssperrende Schicht – in der Regel eine Dampfbremse – auf der Rohdecke aufgebracht. Generell gilt die Regel, dass der Widerstand gegen Dampfdurchtritt von der Rohdecke zur Belagsoberfläche hin in allen Schichten abnehmen muss. Eine Austrocknung der Rohdecke ist dann nur nach unten möglich.

Bei feuchtigkeitsempfindlichen Böden sind Dampfsperren und Abdichtungen im Fußbodenaufbau erforderlich.

Bei Verlegung von feuchtigkeitsempfindlichen Böden – in der Regel Holzfußböden – auf Decken zwischen Räumen unterschiedlicher Temperatur, bei nicht unterkellerten Räumen, über Einfahrten, Durchgängen, Garagen und dergleichen ist in der Regel eine Dampfsperre unter dem Oberbelag erforderlich (an der warmen Seite der Dämmung der Decke), um Kondensat in der Konstruktion zu verhindern.

Besondere Beachtung erfordern sensible Bodenbeläge im Keller über z. B. Dichtbetonplatten auf nassem Boden, wo ein gewisser Feuchtigkeitsdurchtritt permanent vorhanden und deshalb eine Sperrschichte unumgänglich ist. Dass Feuchtigkeit aus den Nassbereichen nicht in den Bodenaufbau dringen darf, ist einsichtig. Hier werden entweder konventionelle Abdichtungen oder aber direkt unter dem Bodenbelag liegende, dünne Abdichtungsschichten angeordnet.

Bestimmung der Baustofffeuchtigkeit

Nach der Art der Feuchtigkeitsbestimmung ergibt sich eine Unterteilung hinsichtlich der Methodik. Die in der Praxis derzeit relevanten Methoden der Gesamtfeuchtigkeitsbestimmung sind die Darr-Methode (als genauestes Verfahren) und die Calciumcarbid-Methode (CM-Methode) zur überblicksmäßigen Baustellenprüfung. Die derzeit vorhandenen Methoden der zerstörungsarmen oder -freien elektrischen Feuchtigkeitsbestimmung sind für den Erhalt von nummerischen Angaben zum Feuchtigkeitsgehalt ungeeignet und können nur eine indikative Aussage liefern.

Grundsätzlich gibt es auch verschiedene Berechnungsmethoden zur Bestimmung des Feuchtigkeitsgehaltes. Bei vorliegenden Feuchtigkeitswerten ist daher stets auf deren Definition und Einheit zu achten. Andere Untersuchungen geben oft den Feuchtigkeitsgehalt noch in Volumenprozent an. Eine Umrechnung zwischen Vol.-% und Masse-% kann über die Trockenrohdichten der Materialien erfolgen.

Gravimetrische Feuchtigkeitsbestimmung (Darr-Methode)

Zunächst wird bei der gravimetrischen Feuchtigkeitsbestimmung (Darr-Methode) die entnommene Probe gewogen, und man erhält dadurch die Feuchtmasse der entnommenen Probe m_f. Dann erfolgt die Trocknung der

Probe (meist bei 105 °C ±2 °C, bei gipshaltigen Baustoffen 40 °C ±2 °C) im Trocken- oder Klimaschrank bis zur Gewichtskonstanz und die Bestimmung der Trockenmasse m_{tr} analog zu m_f. Der Gehalt an Wasser entspricht der Gewichtsabnahme. Angegeben wird der Feuchtigkeitsgehalt F in Masse-% (M-%) bezogen auf die Trockenmasse.

$$F = \frac{m_f - m_{tr}}{m_{tr}} \cdot 100$$

(140|1-07)

F	Feuchtigkeitsgehalt	M-%
m_f	Masse feucht	g
m_{tr}	Masse trocken	g

Feuchtigkeitsgehalt – CM-Methode

Durch Vermischung von Calciumcarbid aus der Glasampulle mit einer bestimmten Menge an feuchter Materialprobe bildet sich eine entsprechende stöchiometrische Menge an Acetylengas (C_2H_2) und der dabei entstehende Gasdruck in einer Stahlflasche wird gemessen.

$CaC_2 + H_2O = C_2H_2 + Ca(OH)_2$
Calciumcarbit + Wasser = Acetylengas + Calciumhydroxid

(140|1-08)

Das CM-Gerät ist eine kleine Druckflasche aus Stahl, die durch ein mit einem Manometer versehenes Verschlussstück gasdicht abgeschlossen wird. Von der zu prüfenden Substanz wird eine abgewogene Menge ohne Verlust in das Druckgefäß geschüttet. Dann werden unter leichter Neigung des Gerätes zwei bis vier Stahlkugeln und anschließend eine Glasampulle mit Calciumcarbid vorsichtig durch den Flaschenhals eingebracht und das CM-Gerät verschlossen. Die Ampulle wird durch kreisendes Schütteln des Gerätes zertrümmert und das Calciumcarbid mit der Probe vermischt. Die Reaktion tritt sofort ein. Nach 10 bis 15 Minuten zeigt das Manometer den Endwert an. Aus einer Tabelle kann in Abhängigkeit von der Masse der Einwaage und dem Gasdruck der Feuchtigkeitsgehalt unmittelbar abgelesen werden.

Der Vorteil der CM-Methode gegenüber der Darr-Methode liegt darin, dass man die Feuchtigkeit sofort am Entnahmeort bestimmen kann. Vergleichsmessungen haben aber gezeigt, dass die Feuchtigkeitswerte der CM-Methode deutliche Differenzen aufweisen. Besonders problematisch sind diese Abweichungen der CM-Methode von der Darr-Methode bei der Bestimmung der Estrichfeuchtigkeit, da Grenzwerte beim Verlegen, besonders bei Holzfußböden, eingehalten werden müssen und es aufgrund der Ungenauigkeit der CM-Methode immer wieder zu Schäden kommt.

Tabelle 140|1-13: Vergleich Feuchtigkeitsgehalt bei CM-Messung mit Darr-Messung

Estrichart	CM-Methode	Darr-Methode
Zementestrich	0,5 – 0,6 CM-%	1,2 – 1,5 M-%
	2,0 CM-%	3,0 – 3,5 M-%
	3,5 CM-%	5,0 M-%
Calciumsulfatestrich	keine Abweichungen	
Magnesiaestrich	CM-% +5,5 = M-%	

Feuchtigkeit – elektrische Messmethoden

Elektrische Messverfahren basieren entweder über die Bestimmung der Dielektrizitätskonstante oder dem elektrischen Widerstand. Die Messung erfolgt meist durch Auflegen eines Kugel-Messkopfes oder dem Einschlagen bzw. Einstechen von zwei Messelektroden. Je nach Feuchtigkeit im Baustoff ergeben sich unterschiedliche Kapazitätswerte oder Widerstände, die dann

zu einer Feuchtigkeitsbelastung interpretiert werden können. Hinsichtlich der Genauigkeit dieser Messmethoden ist Vorsicht geboten, absolute Werte als Basis für eine Entscheidung z. B. hinsichtlich einer Belagsreife eines Estrichs können dabei nicht erhalten werden.

Rauigkeit, Rutschhemmung

Böden müssen sicher begangen werden können, Rutschunfälle sollen unter dem Gesichtspunkt der Nutzungssicherheit nach Möglichkeit verhindert werden. Deshalb sind in Bereichen, in denen Unfallgefahr zu vermuten ist, besondere Anforderungen zu erfüllen.

Bereiche mit Rutschgefahr – Arbeitsräume, Verkehrsflächen in öffentlichen Gebäuden, Geschäftsräume des Einzel- und Großhandels, Schwimmbäder, Sanitärräume – erfordern rutschhemmende Bodenbeläge mit feinrauer, rauer oder profilierter Oberfläche. Ergänzend wird bei rutschhemmenden Belägen noch unterschieden in „mit Schuhwerk begangen" oder „Barfußbereiche". Nicht geregelt sind privat genutzte Bereiche wie z. B. private Badezimmer oder Küchen.

Böden sind sicher zu begehen, Rutschunfälle sind zu vermeiden.

Tabelle 140|1-14: Anforderungen an die Rutschhemmung bei Arbeitsbereichen – GUV-R 181 [39] (auszugsweise)

allgemeine Arbeitsräume und Arbeitsbereiche	Anforderung
Eingangsbereiche innen	R 9
Eingangsbereiche außen	R 11 oder R 10, V 4
Innentreppen	R 9
Außentreppen	R 11 oder R 10, V 4
Sanitärräume (z. B. Toiletten, Umkleide- und Waschräume)	R 10
Pausenräume (z. B. Aufenthaltsraum, Betriebskantinen)	R 9
Sanitätsräume	R 9
Parkbereiche, Garagen	
Garagen, Hoch- und Tiefgaragen ohne Witterungseinfluss	R 10
Garagen, Hoch- und Tiefgaragen mit Witterungseinfluss	R 11 oder R 10, V 4
Parkflächen im Freien	R 11 oder R 10, V 4
Schulen und Kindergärten	
Eingangsbereiche, Flure, Pausenhallen, Klassenräume, Gruppenräume	R 9
Treppen	R 9
Toiletten, Waschräume	R 10
Fachräume für Werken	R 10
Pausenhöfe	R 11 oder R 10, V 4

Rutschen auf glatten und nassen Flächen

Die Einstufung von Belägen in Rutschhemmungsklassen erfolgt vor dem Verlegen durch Prüfung im Labor nach DIN 51130 [61]. Für eine Beurteilung der rutschhemmenden Eigenschaft eines Bodenbelags vor Ort kann man Messungen des Gleitreibungskoeffizienten nach ÖNORM Z 1261 [132] mit dem Gleitreibungsmessgerät heranziehen, wobei bei μ-Werten über 0,45 das Bodensystem uneingeschränkt betriebstauglich eingestuft wird. Die ÖNORM lässt aber keinen direkten Vergleich der beiden unterschiedlichen Rutschhemmungsbeurteilungen zu, der Gleitreibungskoeffizient darf nicht zur Einordnung in eine Bewertungsgruppe der Rutschgefahr (wie z. B. nach DIN 51097 [63], Bewertungsgruppen A bis C und nach DIN 51130 [61], Klassen der Rutschhemmung R 9 bis R 13) herangezogen werden. Außerdem sind für z. B. elastische oder textile Bodenbeläge Typenprüfungen in eigenen Normen geregelt, zudem darf die ÖNORM Z 1261 [132], nicht für die Beurteilung von Außenflächen aus dem Bereich des Straßenbaus angewendet werden.

Beurteilung von Rutschen auf glatten und nassen Flächen durch die Bestimmung des Gleitreibungskoeffizienten.

Tabelle 140|1-15: Klassifizierung der Rutschhemmung über den Gleitreibungskoeffizienten – ÖNORM Z 1261 [132]

Klassifizierung	Gleitreibungskoeffizient μ	Eignung
I	≥0,45	Die begehbare Oberfläche weist ohne weitere Maßnahmen eine ausreichende Rutschhemmung auf.
II	≥0,30 bis <0,45	Nur mit zusätzlichen Maßnahmen, in Abhängigkeit von den Umgebungsparametern (z. B. Klima), rutschhemmend verwendbar.
III	<0,30	Die begehbare Oberfläche bietet keinen ausreichenden Schutz gegen Ausgleiten und ist daher als unfallsrelevant einzustufen.

Beispiel 140|1-01: Messung Gleitreibungskoeffizient mit SBR-Gleiter

Die schon erwähnte Regelprüfung nach DIN 51130 [61] ist für Hersteller von Bodenbelägen oder Prüflaboratorien bestimmt und definiert durch Begehen einer schiefen Ebene mittels definierter Prüfschuhe den Grenzwinkel für Ausgleiten – den sogenannten Akzeptanzwinkel mit Zuordnung einer „R"-Klasse.

Tabelle 140|1-16: Zuordnung der korrigierten mittleren Gesamtakzeptanzwinkel zu den Klassen der Rutschhemmung – DIN 51130 [61]

korrigierter mittlerer Gesamtakzeptanzwinkel α_{ges}	Klasse der Rutschhemmung
6° bis 10°	R 9
über 10° bis 19°	R 10
über 19° bis 27°	R 11
über 27° bis 35°	R 12
über 35°	R 13

Arbeitsräume und -bereiche mit gleitfördernden Stoffen (z. B. Fetten, Wasser) benötigen auch einen Verdrängungsraum unterhalb der Gehebene. Dieser ist durch eine „V"-Klasse in Verbindung mit der Kennzahl für das Mindestvolumen des Verdrängungsraumes gekennzeichnet.

R-Klassen und V-Klassen

Tabelle 140|1-17: Zuordnung der Klasse des Verdrängungsraumes zu den flächenbezogenen Mindestvolumina – DIN 51130 [61]

flächenbezogenes Mindestvolumen des Verdrängungsraumes [cm³/dm²]	Klasse des Verdrängungsraumes
4	V 4
6	V 6
8	V 8
10	V 10

Gehebene
Verdrängungsraum
Fliese

Nassbelastete Barfußbereiche, Begehungsverfahren – schiefe Ebene

Die Prüfung erfolgt nach DIN 51097 [63] bei der sich eine erwachsene barfüßige Person sich auf dem Versuchsbelag bewegt. Dabei wird der Neigungswinkel, bei dem die Prüfperson die Grenze des sicheren Gehens erreicht, durch mehrmaliges Auf- und Abfahren um den kritischen Bereich festgestellt. Die Anforderungen der Bewertungsgruppen der GUV-I 8527 [38] nehmen von A bis C zu und sind von einem erreichbaren Mindestneigungswinkel abhängig.

Beurteilung von Rutschen auf nassbelasteten Barfußbereichen durch Begehungsverfahren – schiefe Ebene.

Tabelle 140|1-18: Bewertungsgruppen nassbelastete Barfußbereiche – GUV-I 8527 [38]

Bewertungs-gruppe	Mindest-neigungswinkel	Bereiche
A	12°	– Barfußgänge (weitgehend trocken) – Einzel- und Sammelumkleideräume – Beckenböden in Nichtschwimmerbereichen, wenn im gesamten Bereich die Wassertiefe mehr als 80 cm beträgt – Sauna- und Ruhebereich (weitgehend trocken)
B	18°	– Barfußgänge, soweit sie nicht A zugeordnet sind – Duschräume – Bereich von Desinfektionssprühanlagen – Beckenumgänge – Beckenböden in Nichtschwimmerbereichen, wenn in Teilbereichen die Wassertiefe weniger als 80 cm beträgt – Beckenböden in Nichtschwimmerberiechen von Wellenbecken – Hubböden – Planschbecken – ins Wasser führende Leitern – ins Wasser führende, max. 1 m breite Treppen mit beidseitigen Handläufen – Leitern und Treppen außerhalb des Beckenbereiches – Sauna- und Ruhebereiche, soweit sie nicht A zugeordnet sind
C	24°	– ins Wasser führende Treppen, soweit sie nicht B zugeordnet sind – Durchschreitbecken – geneigte Beckenrandausbildung

Abriebfestigkeit, Verschleißwiderstand

140|1|2|7

Der Abrieb von Böden ist bei Nutzböden, die einer abtragenden, abrasiven Beanspruchung ausgesetzt sind, reglementiert. Auch für Kunstharz-beschichtungen mit Anforderung an die Rutschsicherheit ist die Abrieb-festigkeit der Einstreuung interessant. Abrieb, Abriebfestigkeit oder Verschleißwiderstand bezeichnet den Widerstand, den ein Körper einer mechanischen Beanspruchung entgegensetzt. Diese Eigenschaft ist vor allem für Bodenbeläge, die durch schleifende und reibende Bewegungen beansprucht werden, von großer Bedeutung.

Abriebfestigkeit bezeichnet den Widerstand eines Körpers gegen eine mechanische Beanspruchung.

Zur Beurteilung des Abnutzungsverhaltens, besser der Widerstand gegen Zerkratzen, sind Fliesen und Platten gemäß ÖNORM EN ISO 10545-7 [130] in fünf Beanspruchungsgruppen (Abriebgruppen) gegliedert. Für unglasierte Fliesen gilt die ÖNORM EN ISO 10545-6 [129], die eine Prüfung mittels eines Verschließmediums festlegt und dann die Abrasion in mm³ angibt (siehe 140|3|4).

Für Natursteine und auch für Industrieestriche ist ein häufig eingesetztes Prüfverfahren die Ermittlung der Abriebfestigkeit gemäß Schleifverfahren nach Böhme. Je kleiner die dabei ermittelten Werte, angegeben als Abriebmenge in cm³/50 cm², desto höher ist die Abriebfestigkeit. Ergänzend definiert die europäische Estrichmörtel-Normung drei Prüfverfahren zur Messung der Verschleißeigenschaften von Industrieestrichen (siehe 140|2|1|1).

Elektrische Ableitung – elektrostatisches Verhalten

140|1|2|8

Elektrostatische Aufladungen treten besonders spürbar vorwiegend bei PVC-Belägen und Teppichbelägen auf. Sie entstehen beim Begehen oder durch Reiben zweier Oberflächen aneinander und führen dann beim Berühren eines geerdeten Metallteiles zu einer für den Menschen ungefährlichen, jedoch unangenehmen, für elektronische Geräte öfter schädlichen elektrischen Entladung. Diese Entladungsvorgänge treten vor allem während der Heiz-periode auf, denn mit abnehmender relativer Luftfeuchte (unterhalb von rund

50 %) nimmt auch die Neigung isolierender Stoffe zu, sich elektrostatisch aufzuladen. Neben der relativen Luftfeuchtigkeit können auch noch andere Faktoren wie stark isolierende Untergründe, nicht leitfähiges Schuhwerk, hohe Begehfrequenz oder Fremdaufladungen die elektrostatische Aufladung beeinflussen.

Elektrostatische Aufladungen entstehen durch Reibung zweier Oberflächen aneinander oder bei innigem Kontakt und anschließender Trennung wie dem Abheben der Schuhsohle vom Bodenbelag. In der OVE EN 61340-4-1 [133] sind für alle Bodenbeläge geeignete Prüfverfahren sowie Messungen des Widerstandes und der Ableitfähigkeit festgelegt. Um das elektrostatische Verhalten von Fußbodenelementen beurteilen zu können, ist es danach notwendig, den Oberflächenwiderstand (R_S), den Durchgangswiderstand (R_V) und die Personenaufladung (U_p) im Begehversuch zu messen und bei bereits verlegten Fußboden anstelle des Durchgangswiderstandes den Erdableitwiderstand (R_E) zu bestimmen.

Elektrostatische Aufladungen entstehen durch Reibung zweier Oberflächen oder bei Trennung eines innigen Kontaktes.

Oberflächenwiderstand (R_S) in Ω

Er gibt den elektrischen Widerstand in horizontaler Richtung, gemessen an der Oberflache eines verlegten Bodenbelages zwischen zwei Elektroden in einem bestimmten Abstand, an.

Durchgangswiderstand (R_V) in Ω

Ist der elektrische Widerstand in vertikaler Richtung, gemessen zwischen einer Elektrode auf der Oberfläche des Bodenbelages und einer Elektrode auf der unmittelbar gegenüberliegenden Unterseite eines unverlegten Belages.

Erdableitwiderstand (R_E) in Ω

Ist der elektrische Widerstand gegen Schutzerde, gemessen zwischen einer auf der Oberflache eines verlegten Bodenbelages angebrachten Elektrode und der Schutzerde des Hausstromsystems.

Personenaufladung (Up) in kV

Diese ergibt sich aus der Aufladung einer Versuchsperson mit vorgeschriebenem Schuhwerk beim Begehen eines Bodenbelages (Begehtestmethode) unter definiertem Raumklima (23 °C und 12 bis 50 % relativer Luftfeuchtigkeit), gemessen wird dabei Aufladungsspannung in Kilovolt (kV).

Die OVE EN 61340-4-1 [133] definiert drei Klassen für das elektrostatische Verhalten von Fußböden.

- Elektrostatisch leitender Fußboden mit einem Widerstand $R_X \leq 10^6$ Ω. Der Fußboden hat einen ausreichend niedrigen Widerstand um Ladungen schnell abzuleiten, wenn er geerdet oder mit einem niedrigen Potenzial verbunden wird.

- Ableitfähiger Fußboden mit einem Widerstand R_X von 10^6 bis 10^9 Ω. Der Fußboden ermöglicht eine Ladungsableitung, wenn er geerdet oder mit einem niedrigen Potenzial verbunden wird.

- Antistatischer Fußboden, der eine Aufladungsspannung U_p von 2 kV nicht überschreitet. Zusätzliche Kriterien für den Boden sind die Umgebungsbedingungen mit der jeweiligen Temperatur und relativen Luftfeuchtigkeit. Durch den Fußboden wird die Ladungserzeugung durch Kontakttrennung oder Reiben mit einem anderen Werkstoff herabgesetzt. Der Fußboden selbst ist nicht unbedingt elektrisch leitend oder ableitfähig.

Drei Klassen des elektrostatischen Verhaltens: elektrostatisch leitend, ableitfähig oder antistatisch.

Brand

Zur Sicherstellung der geforderten Schutzziele ist nicht nur der Gesamt-
widerstand des Bauteiles, sondern speziell bei Fußböden auch das Brandverhalten der Beläge entscheidend. Dabei wird in der OIB-Richtlinie 2 [46]
differenziert in die einzelnen Gebäudeklassen und die jeweilige Nutzungsart.

Tabelle 140|1-19: Brennbarkeitsklassen nach ÖNORM EN 13501-1[117]

A1, A2	nichtbrennbar (kein Beitrag zum Brand)
B, C, D, E, F	brennbar

Tabelle 140|1-20: Rauchentwicklungsraten nach ÖNORM EN 13501-1 [117]

Rauchentwicklung		
s1	Rauchentwicklungsrate gering	(SMOGRA $\leq$30 m^2/s^2)
s2	Rauchentwicklungsrate normal	(SMOGRA $\leq$180 m^2/s^2)
s3	Rauchentwicklungsrate hoch	(SMOGRA >180 m^2/s^2)

Tabelle 140|1-21: allgemeine Anforderungen an das Brandverhalten – OIB RL2 [46] (auszugsweise für Böden)

Gebäudeklassen (GK)	GK 1	GK 2	GK 3	GK 4	GK 5 $\leq$6 oberirdische Geschoße	GK 5 >6 oberirdische Geschoße
2	**Gänge und Treppen jeweils außerhalb von Wohnungen: Bekleidungen und Beläge sowie abgehängte Decken**					
2.4	Bodenbeläge	–	D_{fl}	D_{fl}	C_{fl}-s1 [1]	C_{fl}-s1	C_{fl}-s1
3	**Treppenhäuser: Bekleidungen und Beläge sowie abgehängte Decken**					
3.4	Bodenbeläge					
3.4.1	in Treppenhäusern gemäß Tabelle 2a, 2b	–	D_{fl}-s1	C_{fl}-s1	B_{fl}-s1	$A2_{fl}$-s1	$A2_{fl}$-s1
3.4.2	in Treppenhäusern gemäß Tabelle 3	–	D_{fl}-s1	C_{fl}-s1 [1]	C_{fl}-s1	B_{fl}-s1	$A2_{fl}$-s1
5	**nicht ausgebaute Dachräume**					
5.2	Bodenbeläge	–	E_{fl}	D_{fl}	C_{fl}-s1 [2]	B_{fl}-s1 [2]	B_{fl}-s1 [2]

1) Laubhölzer (z. B. Eiche, Rotbuche, Esche) mit einer Mindestdicke von 15 mm sind zulässig.
2) Es sind auch Bodenbeläge in D_{fl} zulässig, wenn die Wärmedämmung bzw. Dämmschicht in B ausgeführt wird.

Fußböden sind durch ihren Aufbau aber auch in der Lage, bei entsprechender
Auswahl der einzelnen Schichten einen Beitrag zum Brandwiderstand des
Bauteiles zu liefern.

Tabelle 140|1-22: Bekleidungen für Holzbauteile zur Erhöhung der
Brandwiderstandsdauer – ÖNORM B 3800-4 [102]

Estriche, Beschüttungen, Platten, Tafeln	Rohdichte ρ [kg/m³]	Mindestdicke der Bekleidung [cm] F 30 (REI 30)	F 60 (REI 60)	F 90 (REI 90)
Estrich		3,0	5,0	7,0
nichtbrennbare Auffüllungen		5,0	7,0	9,0
Gipskarton-Feuerschutzplatten		1,25	2×1,25	3×1,25
Leichtbetonplatten, Porenbetonplatten	$\leq$1300	4,0	4,5	5,0
Mineralwolleplatten	$\geq$140	4,0	6,0	8,0
	$\geq$120	6,0	8,0	10,0

> Fußböden können
> auch einen Beitrag
> zum Brandwiderstand
> der Decke liefern.

Die in der Tabelle 140|1-22 angeführten Abmessungen sind nach der
Zurückziehung der Norm nur als Richtwerte anzusehen, für den brandschutz-
technischen Nachweis sind bei Berücksichtigung der Fußbodenaufbauten für
den Bauteilwiderstand entsprechende Klassifizierungsprüfungen für die
Beurteilung heranzuziehen.

Statische Eigenschaften

Nachdem die Fußbodenaufbauten sich direkt zwischen den auf die Tragwerke
wirkenden Lasten und Kräften und dem Tragwerk – meist der Rohdecke –

befinden, müssen alle auf Tragwerke anzusetzende Einwirkungen auch über den Fußbodenaufbau abtragbar sein. Dabei entstehende Lastausbreitungen können bei der Dimensionierung des Tragwerkes auch in Form von vergrößerten Belastungsflächen berücksichtigt werden. Die lastverteilenden Schichten im Fußbodenaufbau (z. B. Estrich, Platten) sind unter Berücksichtigung deren meist elastischer Bettung zu bemessen. Neben den üblichen Nutzlasten auf Decken können auch größere Einzelkräfte z. B. aus der Aufstellung von schweren Ausrüstungen, Maschinen, Kästen, Regalen zu einer Beanspruchung des Fuß-bodenaufbaues führen (siehe Band 2: Tragwerke [7]).

Durch lastverteilende Schichten im Fuß-bodenaufbau entsteht eine Vergrößerung der Belastungsflächen der Deckenkonstruktion.

Begehbare Bodenflächen

Die Nutzlasten im Hochbau sind in der ÖNORM B 1991-1-1 [77] geregelt und beinhalten neben den anzusetzenden Flächenlasten von 1,5 bis 6,0 kN/m² auch Einzellasten von 2,0 bis 5,0 kN in Abhängigkeit von der Nutzungskategorie. Als Größe der Aufstandsfläche auf dem Fußboden wird hier im Regelfall von einem Quadrat mit der Kantenlänge von 5 cm ausgegangen.

Befahrbare Bodenflächen

Bei den befahrbaren Bodenflächen unterscheidet die ÖNORM B 1991-1-1 [77] in Flächen mit Staplerbetrieb FL1 bis FL6, bei dem zwei Einzelkräfte von 13 bis 85 kN (ohne dynamische Einwirkungen) im Abstand von 85 bis 180 cm auf einer Fläche von 20×20 cm anzusetzen sind, sowie in Verkehrs- und Parkflächen für Fahrzeuge bis 160 kN (16 Tonnen). Bei diesen Verkehrs-flächen sind die Aufstandsflächen von 10×10 cm bis 20×20 cm im Abstand von 180 cm und aus den Achslasten resultierende Einzelkräfte bis 90 kN zu berücksichtigen.

Konstruktionen und Materialien

Die Anforderungen an Fußböden sind nur durch eine gut abgestimmte Kombination von mehreren Schichten aus unterschiedlichen Materialien, der Fußbodenkonstruktion zu erfüllen.

Der Estrich ist bei den meisten Böden eine vorhandene Schicht, die eine Vielzahl an Anforderungen erfüllen muss, wobei im Verhältnis zu seiner Bedeutung sehr oft keine ausreichende Aufmerksamkeit auf eine passende Wahl und ordentliche Ausführung gelegt wird.

Estriche

Estriche dienen als Ausgleich von Ungenauigkeiten, sind Träger des Bodenbelages (Unterlagestrich) und ermöglichen eine Entkoppelung des Fußbodens von der Rohdeckenkonstruktion oder aber können selbst bereits die fertige Oberfläche (Nutzestrich) bilden. Eine Unterscheidung ist nach Material, Aufbau und Funktion möglich.

Tabelle 140|2-01: Normen Estriche

ÖNORM B 2232	Estricharbeiten – Werkvertragsnorm	2013 11 15 [81]
ÖNORM EN 13813	Estrichmörtel, Estrichmassen und Estriche – Estrichmörtel und Estrichmassen – Eigenschaften und Anforderungen	2003 02 01 [118]
ÖNORM B 3732	Estriche – Planung, Ausführung, Produkte und deren Anforderungen – Ergänzende Anforderungen zur ÖNORM EN 13813	2013 08 01 [101]

Zementestriche sind wohl die am meisten eingesetzte Ausführungsart, sie sind kostengünstig in der Herstellung, sind fest und feuchtigkeitsunempfindlich, neigen aber zu Schwindverkürzungen, Rissen, Verkrümmungen und erfordern eine ausreichende Austrocknungszeit.

Calciumsulfatestriche, früher auch Anhydritestriche genannt, sind leicht und ebenflächig verlegbar, sie sind gefügedicht und deshalb auch gute Wärmeleiter beispielsweise bei Fußbodenheizungen. Da sie spannungsarm erhärten, benötigen sie nur wenige Fugen, außerdem erhärten und trocknen sie rasch. Dafür sind sie feuchtigkeitsempfindlich und dürfen im Freien und bei höherer Feuchtigkeitsbelastung nicht eingesetzt werden.

Magnesiaestriche, auch als Steinholzestriche bekannt, werden nur mehr selten eingesetzt, sie besitzen eine gute elektrische Ableitfähigkeit und gute wärme- und schalltechnische Eigenschaften. Außerdem sind sie recht widerstandsfähig gegen Stoßbeanspruchung und können praktisch fugenlos verlegt werden. Nachteilig ist ihre Empfindlichkeit gegen Feuchtigkeit, die einen Einsatz auf trockene Innenräume beschränkt.

Gussasphaltestriche werden für Spezialaufgaben eingesetzt – sie sind schon nach einem Tag belegbar, müssen nicht austrocknen und können auch als Teil von Abdichtungen eingesetzt werden. Natürlich sind sie feuchtigkeitsbeständig, fußwarm, dämmend und schlagzäh. Obwohl nur in geringen Schichtdicken eingebaut, sind sie teuer, der Einbau ist aufwändiger und geruchsbelästigend. Gussasphaltestriche werden fast immer auf Trennlage über einem festen Untergrund verlegt.

Bitumenemulsionsestriche sind echte Sonderestriche, sie haben meist eine Bedeutung als Garagenbelag. Es sind zementgebundene Schichten, bei denen eine zugesetzte Bitumenemulsion als Modifikator plastische Eigenschaften ermöglicht.

Zementestriche sind die am meisten eingesetzte Ausführungsart.

Calciumsulfatestriche, sind leicht und ebenflächig verlegbar und gefügedicht.

Magnesiaestriche werden nur mehr selten eingesetzt, sie besitzen eine gute elektrische Ableitfähigkeit.

Gussasphaltestriche werden im Hochbau für Spezialaufgaben eingesetzt.

Bitumenemulsionsestriche sind echte Sonderestriche, z. B. als Garagenbelag.

Kunstharzmodifizierte Estriche sind eigentlich nicht normgeregelte Zementestriche, bei denen Eigenschaften wie z. B. Elastizität, Haftvermögen oder auch eine erhöhte Festigkeit durch Kunstharzzusätze verbessert werden. Kunstharzestriche sind von der Normung erfasst, sie haben Kunstharze als Bindemittel und sind teure Sonderlösungen, zumeist in der Sanierung oder bei Spezialanforderungen wie rascher Nutzbarkeit oder hoher Festigkeit oder Härte. Abhängig von der Formulierung besteht aber die Gefahr einer Volumenverringerung, der Estrich kann schrumpfen.

Kunstharzestriche sind teure Sonderlösungen.

Tabelle 140|2-02: typische Unterscheidungen von Estrichen

nach dem Bindemittel				
Zement	Calciumsulfat	Magnesit	Asphalt	Kunstharz

nach der Art der Lagerung		
schwimmend	gleitend	im Verbund

nach der Einbringung		
Nassestrich	Fließestrich	Trockenestrich

nach der Austrocknungszeit	
standard	beschleunigt

Weitere Unterscheidungs- und Bezeichnungsmöglichkeiten sind Heizestrich, Unterlagsestrich oder Nutzestrich.

Abbildung 140|2-01: Lagerungsarten von Estrichen

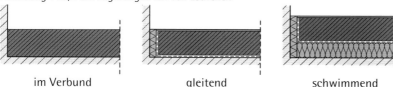

im Verbund   gleitend   schwimmend

Eine normative Regelung zu Estrichen für den Außenbereich gibt es nicht. In den technischen Merkblättern der Hersteller findet sich meist keine Einschränkung bezüglich der Tauglichkeit, sondern der explizite Hinweis für die Anwendung im Außenbereich. Dies gilt in erster Linie bei Zementestrichen, welche im Außenbereich als Lastenverteilungsschicht über der Wärmedämmung und als Belagsunterkonstruktion vorrangig eingesetzt werden. Vorsicht geboten ist auch bei der Wahl von Schnellestrichmörteln, da diese wegen des verwendeten Schnellbinders oft nur für die Verwendung im Innenbereich zulässig sind.

Estriche besitzen in Österreich zwei Bezeichnungen – die „tradierte" Bezeichnung in den ÖNORMen B 2232 [81] und B 3732 [101] und die Estrichkennungen aus der ÖNORM EN 13813 [118].

Estriche besitzen in Österreich zwei Bezeichnungen hinsichtlich deren Festigkeitseigenschaften.

Tabelle 140|2-03: Estrichbezeichnung nach dem Bindemittel – ÖNORM EN 13813 [118]

CT	Zementestrich
CA	Calciumsulfatestrich
MA	Magnesiaestrich
AS	Gussasphaltestrich
SR	Kunstharzestrich

Überlegungen zu der richtigen Planung von Estrichen werden in der ÖNORM B 2232 [81] in einer Auflistung von spezifischen Leistungspositionen dargestellt, wodurch man einen guten Überblick über die Anforderungen bei Estricharbeiten erhält.

Beispiel 140|2-01: Estrichbezeichnungen nach ÖNORM EN 13813 [118]

EN 13813 CT-C20-F4
Zementestrichmörtel der Festigkeitsklassen C20 und F4, der nicht für Nutzschichten verwendet wird

EN 13813 MA-C50-F10-SH150
Magnesiaestrichmörtel der Festigkeitsklassen C50 und F10, mit einer Oberflächenhärte von SH150

EN 13813 CA-C20-F4
Calciumsulfatestrichmörtel der Festigkeitsklassen C20 und F4

EN 13813 AS-IC10
Gussasphaltestrichmassen mit der Eindringtiefenklasse IC10

EN 13813 SR-B2,0-AR1-IR4
Kunstharzestrichmörtel mit der Haftzugfestigkeitsklasse B2,0, der Verschleißwiderstandsklasse AR1 und der Schlagfestigkeit IR4

EN 13813 CT-C40-F10-B1,5; polymermodifiziert
polymermodifizierter Zementestrichmörtel der Druckfestigkeitsklasse C40, der Biegezugfestigkeitsklasse F10 und der Haftzugfestigkeitsklasse B1,5

EN 13813 CT-C60-F10-A1,5 mit Hartstoffen
Zementestrichmörtel mit Hartstoffen der Druckfestigkeitsklasse C60, der Biegezugfestigkeitsklasse F10 und der Verschleißfestigkeitsklasse nach Böhme A1,5

Beispiel 140|2-02: ergänzende Leistungspositionen für Estricharbeiten – ÖNORM B 2232 [81]

Vorbehandlung des Untergrundes
Art und Einbau von gebundenen Ausgleichsschichten oder Schüttungen
Haftbrücken
Art des Estrichs (z. B. Zementestrich, Calciumsulfatestrich), dessen Verwendungszweck (z. B. Unterlagsestrich) und Verlegeart (schwimmend, gleitend auf Trennlagen, im Verbund), getrennt nach Estrichdicke, ergänzt durch geforderte Eigenschaften nach ÖNORM EN 13813
die für die Belegereife erforderlichen zusätzlichen Arbeiten (z. B. Schleifen, Spachteln)
Versetzen von Einbauprofilen (z. B. Trennschienen, Kantenschutzwinkeln, Fugenprofilen)
Verschließen von Scheinfugen
Oberflächenbehandlung wie Schleifen, Versiegelungen, Beschichtungen u. Ä. für Nutzestriche
Schleifen, Vorstriche und Spachtelungen für Unterlagsestriche zur Erzielung der „Belegereife" für den vorgesehenen Bodenbelag
Heizkosten bei angeordneter Winterarbeit
nachträgliches Anarbeiten an oder Verschließen von Aussparungen
Erschwernisse durch Betriebserfordernisse (z. B. Krankenhäusern, Schulen u. dgl.) oder Arbeitsbedingungen (z. B. außergewöhnliche Feuchtigkeits- oder Temperaturbelastungen)
geneigte Untergründe und Gefälleausbildungen
Bereiche mit Erschwernissen durch Einbauten, Leitungen, Kabelkanäle u. dgl.
nachträgliches Abschneiden der Randstreifen bei Unterlagsestrichen

Eigenschaften

140|2|1|1

Die Eigenschaften von Estrichen sind in Abhängigkeit des Bindemittels durch zahlreiche Anforderungen charakterisiert wie der Druckfestigkeit, der Biegezugfestigkeit, dem Verschleißwiderstand und der Oberflächenhärte, der Eindringtiefe und dem Widerstand gegen Rollbeanspruchung, aber auch der Verarbeitungszeit und der Konsistenz, Schwinden und Quellen, dem pH-Wert und nicht zuletzt dem Biegezugelastizitätsmodul, der Haftzugfestigkeit und der Schlagfestigkeit. Der Zeitpunkt, ab dem die gewünschten Eigenschaften erreicht sein müssen, wird für jede Bindemittelart getrennt festgelegt.

Der Zeitpunkt, ab dem die gewünschten Eigenschaften erreicht sein müssen, ist für jede Bindemittelart getrennt festgelegt.

Ergänzend zu den allgemeinen Eigenschaften können noch besondere Eigenschaften wie der elektrische Widerstand („ER" für Electrical Resistance =

elektrischer Widerstand), die chemische Beständigkeit („CR" für Chemical Resistance = chemische Beständigkeit), das Brandverhalten, die Freisetzung korrosiver Stoffe oder Korrosivität, die Wasserdampfdurchlässigkeit und Wärmedämmung, die Wasserdurchlässigkeit, die Trittschalldämmung und die Schallabsorption festgelegt sein.

Tabelle 140|2-04: Bezeichnungen der Eigenschaften von Estrichen

C	Druckfestigkeit
F	Biegezugfestigkeit
A	Verschleißwiderstand nach Böhme
RWA	Verschleißwiderstand gegen Rollbeanspruchung
AR	Verschleißwiderstand nach BCA
SH	Oberflächenhärte
IC	Eindringtiefe in Würfeln (Härte an Würfeln)
IP	Eindringtiefe in Platten (Härte an Platten)
RWFC	Widerstand gegen Rollbeanspruchung von Estrichen mit Bodenbelägen
E	Biegeelastizitätsmodul
B	Haftzugfestigkeit
IR	Schlagfestigkeit

Tabelle 140|2-05: Estrichmörtel und Prüfungen für alle Estrichmörtelarten – ÖNORM EN 13813 [118]

Estrich-mörtel auf der Basis von	Druckfestigkeit	Biegezugfestigkeit	Verschleißwiderstand nach Böhme	Verschleißwiderstand nach BCA	Verschleißwiderstand gegen Rollbeanspruchung	Oberflächenhärte	Eindringtiefe	Widerstand gegen Rollbeanspruchung von Estrichen mit Bodenbelägen	Verarbeitungszeit	Schwinden und Quellen	Konsistenz	pH-Wert	Elastizitätsmodul	Schlagfestigkeit	Haftzugfestigkeit
Zement	N	N	Nª (wahlweise)			O	–	O	O	O	O	O	O	Oª	O
Calciumsulfat	N	N	O	O	O	O	–	O	O	O	O	O		–	O
Magnesit	N	N	O	O	O	Nª	–	O	–	O	O	O	O	–	O
Gussasphalt	–	–	O	O	O	–	N	O	–	–	–	–	–	–	–
Kunstharz	O	O	–	Nª (wahlweise)	O	–	O	–	O	O	O	–	O	Nª	N

Legende
N Normativ
O Optimal, wenn zutreffend
– nicht zutreffend
a nur für Estrichmörtel, die für Nutzflächen vorgesehen sind

Druckfestigkeit – C

Für Zement-, Calciumsulfat- und Magnesiaestrichmörtel muss, für Kunstharzestrichmörtel darf vom Hersteller die Druckfestigkeit deklariert werden.

Tabelle 140|2-06: Druckfestigkeitsklassen für Estrichmörtel – ÖNORM EN 13813 [118]

Klasse	C5	C7	C12	C16	C20	C25	C30	C35	C40	C50	C60	C70	C80
Druckfestigkeit [N/mm²]	5	7	12	16	20	25	30	35	40	50	60	70	80

C5 – C80

Biegezugfestigkeit – F

Für Zement-, Calciumsulfat- und Magnesiaestrichmörtel muss, für Kunstharzestrichmörtel darf vom Hersteller die Biegezugfestigkeit deklariert werden.

Tabelle 140|2-07: Biegezugfestigkeitsklassen für Estrichmörtel – ÖNORM EN 13813 [118]

Klasse	F1	F2	F3	F4	F5	F6	F7	F10	F15	F20	F30	F40	F50
Biegezugfestigkeit [N/mm²]	1	2	3	4	5	6	7	10	15	20	30	40	50

F1 – F50

Verschleißwiderstand – A, AR, RWA

Für Zementestrichmörtel und Kunstharzestrichmörtel, die als Nutzschichten angewendet werden, ist der Verschleißwiderstand zu bestimmen und vom Hersteller zu deklarieren. Der Verschleißwiderstand nach Böhme wird mit „A" (für Abrasion = Abrieb) und der in cm³/(50 cm²) angegebenen Abriebmenge bezeichnet.

Tabelle 140|2-08: Verschleißwiderstandsklassen nach Böhme für Zement- und sonstige Estrichmörtel – ÖNORM EN 13813 [118]

Klasse	A22	A15	A12	A9	A6	A3	A1,5
Abriebmenge [cm³/50 cm²]	22	15	12	9	6	3	1,5

A22 – A1,5

Der BCA-Verschleißwiderstand wird mit „AR" (für Abrasion Resistance = Abriebbeständigkeit) und der auf 100 μm angegebenen maximalen Abriebtiefe bezeichnet.

Tabelle 140|2-09: Verschleißwiderstandsklassen nach BCA für Zement- und sonstige Estrichmörtel – ÖNORM EN 13813 [118]

Klasse	AR6	AR4	AR2	AR1	AR0,5
Abriebtiefe [μm]	600	400	200	100	50

AR6 – AR0,5

Der Verschleißwiderstand gegen Rollbeanspruchung wird mit „RWA" (für Rolling Wheel Abrasion = Abrieb durch Rollbeanspruchung) und der in cm³ angegebenen Abriebmenge bezeichnet.

Tabelle 140|2-10: Verschleißwiderstandsklassen gegen Rollbeanspruchung für Zement- und sonstige Estrichmörtel – ÖNORM EN 13813 [118]

Klasse	RWA300	RWA100	RWA20	RWA10	RWA1
Abriebmenge [cm³]	300	100	20	10	1

RWA300 – RWA1

Oberflächenhärte – SH

Für Magnesiaestrichmörtel, die als Nutzflächen verwendet werden, muss die Oberflächenhärte vom Hersteller deklariert werden. Die Oberflächenhärte wird mit „SH" (für Surface Hardness = Oberflächenhärte) und der in N/mm² angegebenen Oberflächenhärte bezeichnet.

Tabelle 140|2-11: Oberflächenhärteklassen für Magnesia- und sonstige Estrichmörtel – ÖNORM EN 13813 [118]

Klasse	SH30	SH40	SH50	SH70	SH100	SH150	SH200
Oberflächenhärte [N/mm²]	30	40	50	70	100	150	200

SH30 – SH200

Eindringtiefe– IC, ICH, IP

Für Gussasphaltestrichmörtel muss die Eindringtiefe vom Hersteller deklariert werden. Die Eindringtiefe von Gussasphaltestrichmörteln ist mit einem „I" (für Indentation = Eindringen), einem „C" oder „P" (für Cube = Würfel oder Plate = Platte) für das angewendete Prüfverfahren und dem größten Wert der Eindringtiefe in Einheiten von 0,1 mm zu bezeichnen. Die Bezeichnung „H" steht für Mörtel für Heizestriche.

Tabelle 140|2-12: Härteklassen an Würfeln, aufgebrachte Last 525 N, Eindringtiefe in Einheiten von 0,1 mm– ÖNORM EN 13813 [118]

Härteklassen – Prüfbedingungen	ICH10	IC10	IC15	IC40	IC100
(22 ±1) °C, 100 mm², 5 h	≤10	≤10	≤15	–	–
(40 ±1) °C, 100 mm², 2 h	≤20	≤40	≤60	–	–
(40 ±1) °C, 500 mm², 0,5 h	–	–	–	15 bis 40	40 bis 100

ICH10
IC10 – IC100

Tabelle 140|2-13: Härteklassen an Platten, aufgebrachte Last 525 N, Eindringtiefe in Einheiten von 0,1 mm– ÖNORM EN 13813 [118]

Härteklassen – Prüfbedingungen	IP10	IP12	IP30	IP70
(40 ±1) °C, 100 mm², 31 Minuten	≤10	≤12	10 bis 30	≤70

IP10 – IP70

Widerstand gegen Rollbeanspruchung – RWFC

Der Widerstand gegen Rollbeanspruchung darf vom Hersteller für alle Estrichmörtel, die mit einem Bodenbelag versehen werden sollen, deklariert werden. Er wird mit „RWFC" (für Rolling Wheel Floor Covering = Bodenbeläge für Rollbeanspruchung) und der in N angegebenen Radlast bezeichnet.

Tabelle 140|2-14: Widerstandsklassen gegen Rollbeanspruchung für alle Estrichmörtel – ÖNORM EN 13813 [118]

Klasse	RWFC150	RWFC250	RWFC350	RWFC450	RWFC550
Last [N]	150	250	350	450	550

RWFC150 – RWFC550

Biegezugelastizitätsmodul – E

Der Biegezugelastizitätsmodul von Estrichmörteln, mit Ausnahme von Gussasphaltestrichmassen, darf vom Hersteller deklariert und mit „E" (für Elastizität) sowie dem Elastizitätsmodul in kN/mm^2 bezeichnet werden.

Tabelle 140|2-15: Biegezugelastizitätsmodulklassen für Zement-, Calciumsulfat-, Magnesia- und Kunstharzestrichmörtel – ÖNORM EN 13813 [118]

Klasse	E1	E2	E5	E10	E20	um jeweils fünf höhere Klassen
Biegezugelastizitätsmodul [kN/mm²]	1	2	5	10	20	25 – 30 – usw.

E1 – E20

Haftzugfestigkeit – B

Die Haftzugfestigkeit von Kunstharzestrichmörtel muss, für Zement-, Calciumsulfat- und Magnesiaestrichmörtel darf, vom Hersteller deklariert werden. Sie wird mit „B" (für Bond = Haftung) und der in N/mm^2 angegebenen Haftzugfestigkeit bezeichnet.

Tabelle 140|2-16: Haftzugfestigkeitsklassen für Zement-, Calciumsulfat-, Magnesia- und Kunstharzestrichmörtel – ÖNORM EN 13813 [118]

Klasse	B0,2	B0,5	B1,0	B1,5	B2,0
Haftzugfestigkeit [N/mm²]	0,2	0,5	1,0	1,5	2,0

B0,2 – B2,0

Schlagfestigkeit – IR

Die Schlagfestigkeit für Kunstharzestrichmörtel, die für Nutzschichten vorgesehen sind, muss vom Hersteller angegeben werden, für Zementestrichmörtel darf sie deklariert werden. Die Schlagfestigkeit ist mit „IR" (für Impact Resistance = Schlagfestigkeit) und dem in Nm angegebenen Wert für die Schlagfestigkeit zu bezeichnen.

Anforderungen

140|2|1|2

Aufbauend auf den technischen Eigenschaften nach ÖNORM EN 13831 [118] sind in der ÖNORM B 3732 [101] die Anforderungen an die jeweiligen Estricharten festgelegt.

Mindestfestigkeiten

Für schwimmende Estriche und Estriche auf Trennlagen sowie Verbundestriche sind in der ÖNORM B 3732 [101] die Mindestfestigkeitsklassen für den Biegezug und den Druck festgelegt. Hier ist anzumerken, dass die Biegezugfestigkeit die für Qualität von schwimmenden Estrichen bedeutsame Eigenschaft ist, die auch als einziges Prüfkriterium für die Bauteilprüfung am fertigen Estrich definiert wurde. Für Verbundestriche hingegen ist auch im praktischen Einsatz die Druckfestigkeit maßgeblich.

Mindestdicke

Die Mindestestrichdicke nach ÖNORM B 3732 [101] ist abhängig von der Estrichart, den Nutzlasten und der Dämmschichtdicke. Bei Estrichen, bei denen Rohrleitungen (z. B. für Fußbodenheizung) innerhalb des Estrichs verlegt werden, beträgt die Gesamtdicke des Estrichs dessen Mindestdicke zuzüglich des Rohrdurchmessers. Bei der Anwendung der Tabelle 140|2-20 sind noch zusätzliche Bedingungen nach der ÖNORM B 3732 [101] zu beachten, eine Zuordnung der Einzellasten zu den von den Nutzungskategorien abhängigen Flächenlasten kann nach ÖNORM B 1991-1-1 [77] und Tabelle 140|2-19 erfolgen.

Estriche müssen gleichmäßig dick und verdichtet sein. Hierbei darf die geforderte Nenndicke vereinzelt bei einem örtlichen Bereich von maximal 100 cm² bis 25 % unterschritten werden, wenn ohne Berücksichtigung der örtlichen Unterschreitung, die geforderte Nenndicke eingehalten wird. Bei Estrichen mit einer Nenndicke, entsprechend der normgemäßen Mindestdicken, darf diese an keiner Stelle um mehr als 5 mm unterschritten werden.

Estriche müssen gleichmäßig dick und verdichtet sein, die Anforderungen der Nenndicke sind einzuhalten.

Tabelle 140|2-17: schwimmende Estriche und Estriche auf Trennlage – Mindestfestigkeiten – ÖNORM B 3732 [101]

Estrichart und nationale Bezeichnung	Erst-[1] und Güterprüfung an Prismen		Bauteilprüfung [2,3] am fertigen Estrich
	Biegezugfestigkeitsklasse nach ÖNORM EN 13813	Druckfestigkeitsklasse nach ÖNORM EN 13813	Biegezugfestigkeit [N/mm²]
Zementestrich E 225	F4	C20	2,5
Zementestrich [4] E 300	F5	C30	3,2
Calciumsulfatestrich E 225	F4	C20	2,5
Magnesiaestrich E 225	F4	C20	2,5
Zementfließestrich/Calciumsulfat-Fließestrich E 300 F	F4	C20	3,2 [5]
Zementfließestrich/Calciumsulfat-Fließestrich E 300 F	F5	C30	4,2 [5]
Zementestrich E 400	F7 [6]	C40 [6]	4,4
Calciumsulfatestrich E 400	F7 [6]	C40 [6]	4,4

1) Die Auswertung der Prüfergebnisse hat gemäß dem in der ÖNORM 13813 beschriebenen Verfahren zu erfolgen.
2) Weicht ein Einzelwert um mehr als 20 % vom gemeinsamen Mittel ab, ist er auszuscheiden. Weichen zwei Einzelwerte um mehr als 20 % vom gemeinsamen Mittel ab, ist eine Mittelwertbildung unzulässig.
3) Wenn die Estrichdicke größer als die Solldicke ist und die geforderte Biegezugfestigkeit nicht erreicht wird, ist zu überprüfen, ob die ermittelte Bruchkraft gleich groß oder größer als die aus der geforderten Biegezugfestigkeit und der Solldicke errechnete Bruchkraft ist. In diesem Fall ist die Bauteilprüfung positiv.
4) Nur auf Trennlage oder auf nicht Dämmstoffen (Zusammendrückbarkeit der gesamten Dämmschichte höchstens 2 mm).
5) Werden diese geforderten höheren Festigkeiten nicht nachgewiesen, dürfen die für Fließestrich verringerten Mindestdicken nicht angewendet werden.
6) Diese Festigkeitsklasse wird in der Regel durch Kunstharzmodifikation erreicht.

Tabelle 140|2-18: Verbundestriche – Mindestfestigkeiten – ÖNORM B 3732 [101]

Estrichart und nationale Bezeichnung	Erst-[1] und Güterprüfung		Bauteilprüfung [3]
	Biegezugfestigkeitsklasse nach ÖNORM EN 13813	Druckfestigkeitsklasse nach ÖNORM EN 13813	Druckfestigkeit [N/mm²]
Zementestrich E 225		C20	15
Calciumsulfatestrich E 225	Unterlagsestrich für Oberbeläge	C20	15
Zementfließestrich/Calciumsulfat-Fließestrich E 225 F		C20	15
Zementestrich E 300 [2]	F5	C30	23
Zementfließestrich/Calciumsulfat-Fließestrich E 300 F [2]	F6	C30	23
Zementestrich E 400 [2]	F6	C40	30
Zementestrich E 500 [2]	F7	C50	38
Zementestrich E 700 [2]	F20	C70	53

1) Die Auswertung der Prüfergebnisse hat gemäß dem in der ÖNORM EN 13813 beschriebenen Verfahren zu erfolgen.
2) Nutzestriche für höhere Beanspruchung.
3) Weicht ein Einzelwert um mehr als 20 % vom gemeinsamen Mittel ab, ist er auszuscheiden. Weichen zwei Einzelwerte um mehr als 20 % vom gemeinsamen Mittel ab, ist eine Mittelwertbildung unzulässig.

Ergänzend sei angemerkt, dass – wie schon ausgeführt – für das tatsächliche Tragvermögen die Biegezugfestigkeit maßgeblich ist. Diese erfordert auch bei konventionellen, erdfeucht eingebauten Zementestrichen eine ausreichende Verdichtung der unteren Kontaktzone. Das wird durch beigefügte Plastifizierungsmittel erleichtert. Auch Fließestriche sind diesbezüglich günstig.

Für das Tragvermögen von schwimmenden Estrichen ist die Biegezugfestigkeit maßgeblich.

Tabelle 140|2-19: Zuordnung von Flächenlasten zu Einzellasten – ÖNORM B 1991-1-1 [77]

Nutzungskategorie	A1, A2, B1, E1.1	B2, C1	C2, C3.1, C4, C5, D1, E1.2	C3.2, D2, E1.1, E1.3, E1.4
Einzellast in kN	2,0	3,0	4,0	5,0
Flächenlast in kN/m²	1,5 – 4,0	3,0	4,0 – 6,0	5,0

Tabelle 140|2-20: schwimmende Estriche und Estriche auf Trennlage – Mindestdicken – ÖNORM B 3732 [101]

Estrichart und nationale Bezeichnung	Gesamtdicken von Dämmschichten 0 mm bis 25 mm					Gesamtdicken von Dämmschichten über 25 mm				
	Einzellast ≤1 kN	Einzellast ≤2 kN	Einzellast ≤3 kN	Einzellast ≤4 kN	Einzellast ≤5 kN	Einzellast ≤1 kN	Einzellast ≤2 kN	Einzellast ≤3 kN	Einzellast ≤4 kN	Einzellast ≤5 kN
Zementestrich E 225	45	60	70	80	85	50	65	75	85	90
Zementestrich E 300	40	50	60	70	80	45	55	65	75	85
Calciumsulfatestrich E 225	45	60	70	80	85	50	65	75	85	90
Magnesiaestrich E 225	45	60	70	80	85	50	65	75	85	90
Zementfließestrich/Calcium-sulfat-Fließestrich E 225 F	40	50	60	70	80	45	55	65	75	85
Zementfließestrich/Calcium-sulfat-Fließestrich E 300 F	35	45	50	60	70	40	55	55	65	75
Zementestrich E 400	35	45	50	60	65	35	50	55	65	70
Calciumsulfatestrich E 400	35	45	50	60	65	35	50	55	65	70
Gussasphaltestrich	20	30	–	–	–	25	30	–	–	–

Ebenheit

Für die Fertigungstoleranzen des Estrichs gilt die ÖNORM DIN 18202 [109] (siehe Tabelle 140|1-03), erhöhte Anforderungen sind vor der Ausführung ausdrücklich festzulegen.

Schutzzeit, Begehbarkeit, Belastbarkeit

– Schutzzeit: Jener Zeitraum, innerhalb dessen der Estrich vor vorzeitigem Austrocknen geschützt werden muss.

– Begehbarkeit: Eigenschaft eines Estrichs ab jenem Zeitpunkt, ab dem er begangen, jedoch noch nicht durch Materialtransporte oder Lagerungen belastet werden darf.

– Belastbarkeit: Eigenschaft eines Estrichs ab jenem Zeitpunkt, ab dem er durch Materialtransporte oder Lagerungen belastet werden darf.

Tabelle 140|2-21: Schutzzeiten Estriche – ÖNORM B 3732 [101]

Zementestrich	14 Tage
Schnellestrich	gemäß Produktbeschreibung
Calciumsulfatestrich und Calciumsulfat-Fließestrich	2 Tage
Magnesiaestrich	2 Tage
Bitumenemulsionsestrich	2 Tage
Estrich mit Kunstharzmodifikation	gemäß Produktbeschreibung
Zementfließestrich	gemäß Produktbeschreibung

Tabelle 140|2-22: Begehbarkeit/Belastbarkeit Estriche – ÖNORM B 3732 [101]

Estrichart	Begehbarkeit	Belastbarkeit (Materialtransport/Lagerung/ Montage von Ständerwänden)
Zementestrich	3 Tage	21 Tage
Schnellestrich	gemäß Produktbeschreibung	
Calciumsulfatestrich und Calciumsulfat-Fließestrich	2 Tage	7 Tage
Magnesiaestrich	2 Tage	5 Tage
Bitumenemulsionsestrich	1 Tag	3 Tage
Estrich mit Kunstharzmodifikation	gemäß Produktbeschreibung	
Gussasphaltestrich	3 Stunden	12 Stunden
Zementfließestrich	gemäß Produktbeschreibung	
Anmerkung: Die Angaben sind Richtwerte, bezogen auf eine mittlere Raumtemperatur von mindestens 15 °C ab Herstellung.		

Im Bauwerk ist unter üblichen Bedingungen zu erwarten, dass die Begehbarkeit und Schutzzeit beim Erreichen der 50 %-Festigkeit und die Belastbarkeit sowie der frühestmögliche Aufheizbeginn bei Fußbodenheizungen beim Erreichen der 70 %-Festigkeit sichergestellt sind. Ungünstige Bedingungen (z. B. niedrige Temperatur, hohe Luftfeuchtigkeit) können zu langsamerem Erhärtungsverlauf führen.

Feuchtigkeit aus dem Untergrund

Zur Vermeidung von schädlicher Dampfdiffusion aus dem Untergrund sind Folien mit einer diffusionsäquivalenten Luftschichtdicke einzubauen, die größer als diejenige des darüber liegenden Fußbodenaufbaus sind. Derartige Folien müssen verschweißt bzw. verklebt sein und sind bei Gussasphalt nicht erforderlich. Insbesondere sind in dampfdiffusionstechnischer Hinsicht Vorkehrungen zu treffen:

- bei erdberührten Flächen
- über ungenügend ausgetrockneten Geschoßdecken und Untergründen (in der Regel bei Neubauten)
- über Räumen mit klimatisch unterschiedlichen Bedingungen, z. B. Einfahrten, Zugänge, Feuchträume, Heizräume, Decken über Garagen bzw. bei Wärmequellen unterhalb der Rohdecke
- bei dampfdichten, elastischen Bodenbelägen und Beschichtungen
- bei Holzfußböden

> Gegen Feuchtigkeitsdiffusion aus dem Untergrund sind Dampfbremsen einzubauen.

Gleichgewichtsfeuchte

Die Ausgleichsfeuchte oder Gleichgewichtsfeuchte wird durch Sorptionsisothermen beschrieben. Diese zeigen die Feuchtigkeit des Estrichs bei unterschiedlicher relativer Luftfeuchte der Umgebungsluft. Durch eine geringe Luftfeuchtigkeit im Raum entsteht im Estrich eine Nachtrocknung.

Abbildung 140|2-02: Sorptionsisotherme für Zementestrich

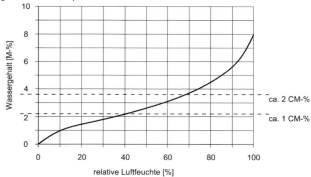

Schwindverhalten

Bei der Austrocknung entweicht das Überschusswasser aus den Kapillarporen und der Estrich verringert dadurch sein Volumen. Je mehr Überschusswasser ein Estrich enthält, desto größer ist das Schwindmaß. Beläge sollten erst dann aufgebracht werden, wenn der Estrich sein Endschwindmaß weitestgehend erreicht hat.

Trocknungsverhalten

Das Trocknungsverhalten ist abhängig von Estrichart, Wasserzugabe, Estrichdicke beim Einbau und den klimatischen Bedingungen am Einbauort. Estriche können nur dann austrocknen, wenn die Temperatur des Estrichs mindestens 3 °C über dem Taupunkt der Raumluft liegt und gleichzeitig eine

> Das Trocknungsverhalten eines Estrichs ist abhängig von dessen Art, der Wasserzugabe und Dicke sowie den klimatischen Bedingungen.

Luftbewegung vorhanden ist. Zum Beispiel fordert eine Lufttemperatur von 20 °C und 50 % relativer Luftfeuchtigkeit eine Estrich-Oberflächen-Temperatur von mindestens 12,3 °C.

Um eine günstige und rasche Austrocknung zu erzielen, ist nach dem Ende der Schutzzeit für eine intensive Lüftung, optimal durch Stoßbelüftung, der Baustelle zu sorgen. Der Trocknungseffekt wird durch gleichzeitige Beheizung der Räume noch verstärkt.

Eine Estrichtrocknung im Sommer ist oft problematisch, hohe Außenluftfeuchtigkeiten verhindern bzw. verringern eine Feuchtigkeitsabgabe des Estrichs, eine künstliche Trocknung wird erforderlich. Auch länger anhaltende regnerische Perioden und Frost, aber auch hohe Estrichdicken können die Austrocknung maßgeblich verlängern. Ebenfalls sehr ungünstig ist zusätzliche Feuchtigkeit in den Innenräumen aus anderen Bautätigkeiten wie z. B. Verputzarbeiten.

Austrocknungszeiten sind schon in der Terminplanung zu berücksichtigen.

Die Austrocknungszeiten müssen schon in der Terminplanung berücksichtigt werden. Belegreif ist ein Estrich dann, wenn er trocken ist oder die noch vorhandene Restfeuchtigkeit keine Einflüsse auf die Verklebung und auf den Belag erwarten lassen. Die Restfeuchtigkeit ist vor dem Verlegen mittels der CM-Methode zu messen.

normale Estriche:	ZE	unbeheizt	2,0 CM-%
	ZE	beheizt	1,8 CM-%
	CAF	unbeheizt	0,5 CM-%
	CAF	beheizt	0,3 CM-%
Schnellestriche:	nach Herstellervorgabe		

Nach einer künstlichen Trocknung ist zusätzlich zur CM-Messung durch den Bodenleger die schriftlich dokumentierte Bestätigung der Trocknungsfirma erforderlich, dass die unter dem Estrich liegenden Schichten hinsichtlich des geplanten Oberbodens ausreichend getrocknet wurden.

Wird die in der oberen Estrichzone enthaltene Feuchtigkeit zu schnell an die Raumluft abgegeben, wird dort der Kapillartransport weitestgehend unterbrochen. Das restliche Wasser in den unteren Estrichschichten kann dann durch diese trockene Schicht nur mehr hindurch diffundieren – nur sehr geringe Wassermengen können transportiert werden.

Fugenteilung

Abhängig von der Art des Estrichs sind diese durch Fugen zu teilen. Sie sind einzuplanen, um zum einen das Reißen des Estrichs zu verhindern beziehungsweise zu kontrollieren und zum anderen gerade beim Heizestrich ein „Arbeiten" des Estrichs zu erlauben. Es werden dreierlei Arten von Fugen unterschieden:

Fugenteilungen sind bereits bei der Planung zu beachten.

- Randfugen sorgen für eine Entkopplung des Estrichs von Wänden und anderen Bauteilen. Eine durchgehende Vermeidung von Schallbrücken gewährleistet die Einhaltung der Schallschutzvorgaben und ist der Hauptgrund für diese Fuge. In zweiter Linie übernimmt sie die Aufgaben einer Bewegungsfuge.

- Bewegungsfugen – landläufig auch „Dehnungsfugen" genannt, übernehmen entweder gleichartige Fugen des Rohbodens oder bilden Teilflächen, die sich ungehindert (z. B. bei Temperaturschwankungen) ausdehnen bzw. zusammenziehen können. So sollten keine Risse, Verkrümmungen oder Aufschüsselungen entstehen, außerplanmäßige Druckspannungen werden vermieden.

- Scheinfugen sind – wie der Name schon sagt – Einschnitte (mit der Kelle, dem Estrichschwert oder mit der Diamanttrennscheibe, Tiefe rund ein Drittel des Estrichquerschnitts) in das frisch verlegte Estrichmaterial. Ihr Sinn besteht darin, eine „wilde" Rissbildung im trocknenden und schwindenden Estrich zu vermeiden. Unvermeidbare Risse bilden sich dann genau an diesen Sollbruchstellen. Nach kompletter Durchtrocknung des Estrichs können sie mit kunstharzbasierten Produkten „verharzt" und verdübelt werden.

Abbildung 140|2-03: Schwindrissbildungen und Fugenteilungen bei Estrichen

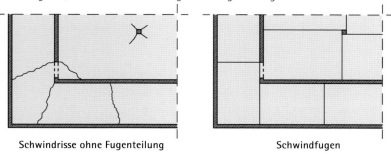

| Schwindrisse ohne Fugenteilung | Schwindfugen |

Zementestrich

140|2|1|3

Zementestriche können als schwimmende Estriche, Estriche auf Trennlage oder Verbundestriche hergestellt werden. Sie sind die bekannteste Estrichart und bestehen im Grundsätzlichen aus einem Beton, dessen Korngröße und Mischungsverhältnis auf die spezielle Verwendung als Estrich optimiert wurde.

Konventioneller Zementestrich

140|2|1|3|1

Die Ausgangsstoffe sind Normenzemente - in der Regel Portlandzement -, Sand mit einem definierten Größtkorn in Abhängigkeit der Estrichdicke, Wasser, Zusatzmittel und Zusatzstoffe. Das Mischungsverhältnis zwischen Zement und Zuschlagstoff beträgt nach einer Faustregel ungefähr 1 : 4 (Zement : Sand) in Raumteilen.

Zementestriche sind wegen des Schwindens durch Fugen in Felder von maximal 40 m² zu unterteilen, wobei die größte Seitenlänge 8 m nicht überschreiten darf. Generell gilt, dass möglichst gedrungene Flächenformen günstig sind. In der Estrichnorm ist das Seitenverhältnis des Rechtecks mit 1 : 2,5 begrenzt. Die Feldbegrenzungsfugen sind nur als Scheinfugen auszuführen. Dehn- und Setzungsfugen im Bauwerk sind natürlich durch den Estrich durchzuführen. Bei einspringenden Ecken, Kerben oder Türen sind zusätzliche Fugen anzuordnen, um Rissbildungen vorzudefinieren.

> Zementestriche sind wegen des Schwindens in Felder von maximal 40 m² zu unterteilen.

Um die gewünschten Eigenschaften zu erreichen und ein möglichst geringes Schwindmaß zu erzielen sind Zementestriche mit einem niedrigen Wasserbindemittelwert (W/B-Wert) herzustellen. Durch die Beigabe von Zusatzmitteln (plastifizierend) kann die geeignete Verarbeitungskonsistenz auch bei niedrigem W/B-Wert erreicht werden.

Die Mindestdicke von Zementestrichen ist abhängig vom Untergrund, der Estrichfestigkeit und der zu erwartenden Nutzlast und beträgt bis Dämmstoffdicken von 2,5 cm im Wohnbau (E300 konventionell) mindestens 50 mm, bei größeren Dämmstoffdicken mindestens 55 mm (Tabelle 140|2-20). Durch

Zugabe von Kunstharzen als Dispersionen oder in Pulverform können die chemischen und physikalischen Eigenschaften noch wesentlich verbessert werden.

Tabelle 140|2-23: technische Eigenschaften – Zementestrich

Berechnungsgewicht	22 kN/m³
praktische Feuchtigkeit	2,5 bis 4,0 M-%
Begehbarkeit	nach 3 Tagen
Belegbarkeit	nach 21 Tagen (Feuchtigkeit ≤4,0 M-%)
maximale Fugenabstände	6,0 m im Rauminneren und 3,5 m im Freien

Schnellestrich auf Zementbasis

Die besondere Zusammensetzung der Schnellestriche erfordert besondere Sorgfalt bei der Verarbeitung und bei der Prüfung der Belegreife. Zu beachten sind drei wesentliche Faktoren:

- Wasser/Bindemittelwert
  Wichtigster Parameter für Trocknungsverlauf, Festigkeitsentwicklung und Schwinden. Wasser wird teilweise chemisch gebunden, Überschusswasser muss jedoch verdunsten. Ein idealer W/B–Wert liegt bei 0,35 (für CEM I/TSZ) bis 0,45, dieser Wert wird oft überschritten.

- Sieblinie
  Der Wasseranspruch des Estrichs wird stark beeinflusst von der Korngrößen-Zusammensetzung, als Zielwert gilt B8. Gesteinskörnungen mit höherem Feinkornanteil erfordern mehr Wasser. Oft ist die Sieblinie nicht im Idealbereich und ein zu hoher Feinanteil unter 1,0 mm. Außerdem ist bei Baustellenmischungen die Feuchtigkeit des Zuschlagstoffes zu berücksichtigen.

- Klimabedingungen nach der Herstellung
  Bei einer Reihenuntersuchung an Zementestrichen mit Trocknungsbeschleunigern im Idealklima konnte eine chemische Bindung des Wassers infolge von Trocknungsbeschleunigern nicht beobachtet werden. Die Versuchsergebnisse bestätigen die versprochenen Eigenschaften unter Laborbedingungen mit Normklima, 12 -13 cm Ausbreitmaß und 4 cm Nenndicke. Bei ungünstigen Klimaverhältnissen, weicherer Konsistenz, erhöhtem Wassereinsatz oder größerer Nenndicke steigt die Feuchtemenge, die austrocknen muss. Die Oberfläche bleibt jedoch gleich – somit ist mit einer (deutlich) längeren Wartezeit bis zum Erreichen der Belegreife zu rechnen.

Für den Einsatz von Schnellestrichen gibt es zwei Gründe, zum einen die rasche Erhärtung mit beschleunigten chemischen Reaktionen und zum anderen die rasche Belegreife durch Trocknungsbeschleuniger und weniger Wasserzusatz. Zum Zeitpunkt der Belegreife muss ein Estrich ausreichend tragfähig und trocken sein sowie eine möglichst geringe bzw. abgeschlossene Verformung aufweisen. Die ÖNORM B 3732 [101] teilt die Schnellestriche nach ihrem Erhärtungsverlauf sowie in einzelne Klassen, abhängig vom Zeitraum der Estrichherstellung und dem Erreichen der geforderten Grenzwerte ein.

Schnellestriche weisen eine rasche Erhärtung und eine frühe Belegreife auf.

Tabelle 140|2-24: Schnellestrich – Erhärtungsverlauf – ÖNORM B 3732 [101]

Festigkeit	Druckfestigkeitskriterium im deklarierten Alter	Biegezugfestigkeitskriterium im deklarierten Alter
50-%-Festigkeit	$C_{(50)} \geq 0,5 \cdot C$	$F_{(50)} \geq 0,5 \cdot F$
70-%-Festigkeit	$C_{(70)} \geq 0,7 \cdot C$	$F_{(70)} \geq 0,7 \cdot F$

C = deklarierte Druckfestigkeit gemäß ÖNORM EN 13813
F = deklarierte Biegezugfestigkeit gemäß ÖNORM EN 13813

Tabelle 140|2-25: Klasseneinteilung und Anforderungen an Schnellestriche – ÖNORM B 3732 [101]

Schnellestrich-Klasse	SE 1	SE 2	SE 4	SE 7	SE 14	SE 21
	Zeitraum in Tagen					
50 % Festigkeit	≤1	≤1	≤2	≤2	≤3	≤3
70 % Festigkeit	≤1	≤2	≤3	≤3	≤5	≤10
zulässiger Festigkeitsgehalt	≤1	≤2	≤4	≤7	≤14	≤21

Beispiel 140|2-03: Herstellerangaben Schnellestrich – Ardex A35

„Ardurapid", Ardex A35 Schnellzement Zementestrich EN 13813: CT-C35-F6
Schnell nutzbarer Zementestrich auf Dämmschicht, auf Trennschicht und im Verbund. Nach 3 Stunden begehbar, bereits nach 1 Tag trocken und verlegereif, mit dem kunstharzvergüteten Spezialzement. Für den Außenbereich oder im Dauernassbereich kann ARDEX A35 nicht eingesetzt werden.
Mischungsverhältnis 1 : 5 in Gewichtsteilen, W/B-Wert = 0,25 bis 0,44
Biegezugfestigkeit – nach 1 Tag etwa 4 N/mm², nach 28 Tagen 6 N/mm²
Druckfestigkeit – nach 1 Tag etwa 25 N/mm², nach 28 Tagen etwa 35 N/mm²
ARDEX A35-Schnellzement hat nach einem Tag seine Ausgleichsfeuchte erreicht. Es dürfen keine Estrichzusatzmittel wie Mischöle verwendet werden, nicht mit anderen Zementen mischen.

Beispiel 140|2-04: Herstellerangaben Schnellestrich – Baumit Speed E225 SE7

Werksgemischter Trockenmörtel – Sande, Zement, Zusätze – CT-C20-F4-SE7, W/B-Wert ca. 0,50
Universell einsetzbarer Estrich mit hoher Frühfestigkeit, gleichbleibender Qualität und Verarbeitung, auch für Feuchträume und Anwendungen im Außenbereich geeignet, da extrem geringe Rückfeuchtung (nachträgliche Feuchtigkeitsaufnahme von bereits ausgetrocknetem Estrich).
Baumit SpeedEstrich E 225 SE7 ist für die Anwendung im Außenbereich geeignet.
Begehbar nach 24 Stunden, belastbar nach 5 Tagen.
Bei einer Estrichdicke von 5 cm und normalen klimatischen Verhältnissen (Temperatur >15 °C, relative Luftfeuchtigkeit <65 %) wird üblicherweise nach 7 Tagen ein CM-Wert <2,0 % erreicht.

Beispiel 140|2-05: Herstellerangaben – Cementur Estrichbeschleuniger – Additiv

0,50 Liter CEMENTUR EZ je Estrichmischung (250 Liter). Bei 50 kg Zement, W/B-Wert: max. 0,50
EZ0305: Belegereife 3 – 5 Tage   EZ1014: Belegereife 10 –14 Tage
Unbedingt nur geeignete Zemente verwenden (CEM I und CEM II), ungünstige Baustellenbedingungen wie niedrige Temperaturen, hohe Luftfeuchtigkeit, ein zu hoher W/B-Wert sowie hohe Schichtdicken verzögern die Austrocknung und die Festigkeitsentwicklung. Dies unterliegt nicht dem Verantwortungs-bereich des Herstellers ALPINA-BAU. Die richtige und somit erfolgreiche Anwendung der Produkte unterliegt nicht der Kontrolle des Herstellers ALPINA-BAU. Eine Gewährleistung kann nur für die Qualität und Güte der Erzeugnisse im Rahmen der allgemeinen Geschäfts-, Liefer- und Verkaufsbedingungen, jedoch nicht für eine erfolgreiche Verarbeitung übernommen werden.

Grundsätzlich ist zwischen beschleunigten Werktrockenmörteln und Sonderkonstruktionen sowie bauseits gemischten und beschleunigten Estrichen zu unterscheiden. Die Beurteilung der Belegreife von beschleunigten Werktrockenmörteln hat nach den technischen Richtlinien des Produzenten zu erfolgen. Für bauseits gemischte und beschleunigte Estriche erfolgt die Beurteilung der Belegreife durch Messung(en) und Freigabe durch den Estricheinbauer bzw. den Trocknungsbeschleunigungsmittelhersteller in Anwesenheit von Bodenleger und Auftraggeber.

Calciumsulfatestrich, Anhydritestrich, Gipsestrich

140|2|1|4

Anhydrit ist ein wasserfreier Gips (Calciumsulfat), der durch das Vermahlen mit einem Anreger (Kalk oder Zement) zum Anhydritbinder wird. Die Ausgangs-stoffe für den Anhydritestrich sind Anhydritbinder, Sand als Zuschlagstoff, Wasser und gegebenenfalls Zusatzmittel. Das Mischungsverhältnis zwischen Anhydritbinder und Sand beträgt rund 1 : 2,5 (Anhydritbinder : Sand). Der Anhydritbinder ist ein nichthydraulisches Bindemittel und erhärtet nur an der Luft durch Kristallisation. Der größte Vorteil liegt in der Raumbeständigkeit des Anhydritmörtels, die es ermöglicht Flächen bis über 1000 m² fugenlos herzustellen. Das Seitenverhältnis von Estrichfeldern sollte maximal 3 : 1

betragen, in der ÖNORM B 3732 [101] wird konservativ eine Seitenlängenbegrenzung von 20 m angegeben.

Durch die Abbindeform des Kristallisierens unterliegt der Estrich keinen Schwindverkürzungen, sondern sogar geringfügigen Dehnungen. Die Mindestdicke des Anhydritestrichs im Wohnbau beträgt zumindest 50 mm und ist bei der Verwendung über Dämmstoffen von deren Dicke und Steifigkeit abhängig. Calciumsulfatestriche sind empfindlich gegen Feuchtigkeit und dürfen daher nicht in Räumen mit andauernder Wassereinwirkung (Feuchtigkeitsbeanspruchungsklasse W4) verlegt werden. Bei aufsteigender Bodenfeuchtigkeit oder der Einwirkung von Wasserdampf sind sie durch Abdichtungen und Dampfsperren zu schützen. Im Estrich verlegte Metallrohre sind durch geeignete Ummantelungen vor Korrosion zu schützen.

Calciumsulfatestriche können auch als selbstnivellierende Fließestriche eingesetzt werden und bieten dabei die Vorteile eines wesentlich verringerten Verlegeaufwandes. Gipsestriche liegen in ihren Eigenschaften zwischen den Zement- und Anhydritestrichen. Obwohl nicht häufig angewendet, können Calciumsulfatestriche auch als Verbundestriche hergestellt werden.

Der größte Vorteil von Calciumsulfatestrichen liegt in der Raumbeständigkeit. Fugenlose Flächen bis über 1000 m² sind möglich.

Tabelle 140|2-26: technische Eigenschaften – Anhydritestrich, Calciumsulfatestrich

Berechnungsgewicht	22 kN/m³
praktische Feuchtigkeit	0,5 M-%
Begehbarkeit	nach 2 Tagen
Belegbarkeit	nach 1 Woche (Feuchtigkeit ≤1,0 M-%)
maximale Fugenabstände	keine Begrenzung

Magnesiaestrich

Magnesiaestriche bestehen aus einem Gemisch kaustischen Magnesits (Magnesitbinder = gebranntes Magnesit + Magnesiumchloridlösung) und Füllstoffen auf organischer oder anorganischer Basis. Sie werden nur noch selten ausgeführt. Ihre Dicke beträgt 10 bis 25 mm bei einschichtiger und >30 mm bei zweischichtiger Ausführung.

Tabelle 140|2-27: Magnesiaverbundestriche – Mindestfestigkeiten und Mindestdicken – ÖNORM B 3732 [101]

Estrichart		Erst- und Güteprüfung		
		Druckfestigkeitsklasse nach ÖNORM EN 13813	Biegezugfestigkeitsklasse nach ÖNORM EN 13813	Estrichdicke Mindestwert [mm]
Nutzestrich				
einschichtig		C20	F4	20
zweischichtig	Unterschichte	C20	F3	10
	Nutzschichte	C20	F4	10
Estrich für Wohn- und Büroräume				
einschichtig		C30	F6	20
zweischichtig	Unterschichte	C20	F4	20
	Nutzschichte	C30	F6	10
Industrieestrich				
einschichtig		C40	F7	20
zweischichtig	Unterschichte	C20	F4	20
	Nutzschichte	C40	F7	10

Bei Verwendung organischer Füllstoffe wie Korkschrott oder Sägespäne ergibt sich ein fußwarmer, färbbarer und direkt begehbarer Boden für den Wohnbereich (Steinholzestrich). Mit anorganischen Füllstoffen (Quarzsand, Quarzmehl etc.) wird er im Industriebau verwendet.

Magnesiaestriche sind bereits zwei Tage nach Herstellung begehbar, elektrisch leitfähig, fugenlos verlegbar und unempfindlich gegen Fette und Öle. Sie

Magnesiaestriche beinhalten organische Füllstoffe, sind sehr früh begehbar, elektrisch leitfähig, fugenlos verlegbar und unempfindlich gegen Fette und Öle.

besitzen jedoch keine schalldämmende Wirkung, sind empfindlich gegen Feuchtigkeit und greifen durch ihre Anmachflüssigkeit (MgCl$_2$) Bewehrungsstahl an.

Tabelle 140|2-28: technische Eigenschaften – Magnesiaestrich

Berechnungsgewicht	8 kN/m³
praktische Feuchtigkeit	8 bis 12 M-%
Begehbarkeit	nach 2 Tagen
Belegbarkeit	nach 5 Tagen (Feuchtigkeit ≤12 M-%)
maximale Fugenabstände	8 bis 10 m

Gussasphaltestrich

Gussasphaltestriche bestehen aus einem Gemisch aus Splitt, Bitumen, Sand und Gesteinsmehl und werden mit Temperaturen von rund 240 °C eingebaut. Sie sind als direkt begehbare Estriche oder als Unterlagsestriche auszuführen und dienen zugleich als Sperrschichte gegen Feuchtigkeit, die kapillar aus dem Untergrund aufsteigt. Sie gelten jedoch nicht als Sperrschichte gegen drückendes Wasser und nicht als Dampfbremse. Gussasphaltestriche werden von Ölen, Fetten und Benzin angegriffen und sind daher vor ständiger Berührung mit diesen Stoffen zu schützen. Bei einer Stuhlrollenbeanspruchung ist der Widerstand gegen Rollenbeanspruchung nachzuweisen.

Gussasphaltestriche können als direkt begehbare Estriche oder als Unterlagsestriche ausgeführt werden.

Tabelle 140|2-29: Gussasphaltestriche – Härteklasse und Dauerstandfestigkeit– ÖNORM B 3732 [101]

Härteklasse gemäß ÖNORM EN 13813	Eindringtiefe gemäß ÖNORM EN 13813 [0,1 mm]	Erst-, Güte- und Bauteilprüfung		
		nationale Bezeichnung	Prüfbelastung [N/mm²]	Eindringtiefe [mm]
IP10	<10	–	–	–
IP12	<12	–	–	–
IP30	10 bis 12	–	–	–
IP70	<70	GE 40	0,4	<0,5 (<0,6)
	<70	GE 60	0,6	<0,5 (<0,6)
	<70	GE 90	0,9	<0,5 (<0,6)

Bei Flächenpressungen bis 0,4 N/mm² ist mindestens IP70-GE 40, bis 0,6 N/mm² mindestens IP 70-GE 60 und bis 0,9 N/mm² mindestens IP70-GE 90 auszuführen. Bei höheren Flächenpressungen sind IP10 bis IP30 zu verwenden, wobei deren Dauerstandfestigkeit gesondert nachzuweisen ist. Die Mindestdicke des Estrichs beträgt 20 mm. In Räumen, in denen mit Säuren oder Laugen gearbeitet wird, müssen bei der Herstellung des Gussasphaltestrichs Zuschläge aus Quarz, Basalt oder Diabas verwendet werden. Zur Vermeidung von Blasenbildung im Estrich ist dieser vom Untergrund durch geeignete Stoffe, z. B. Papier oder Rohglasvlies, zu trennen.

Bei Gussasphaltestrichen, die als Untergrund für einen Fußbodenbelag dienen, sind Arbeitsfugen durch „Heißverbügeln" zu schließen, außerdem ist bei der Herstellung die Oberfläche mit Sand von 0,1 mm bis 0,3 mm Korngröße abzureiben. Wird ein Holzfußboden geklebt, ist zwischen dem Estrich und aufgehenden Bauwerksteilen eine Randfuge mit einer Fugenbreite von etwa 10 mm auszubilden.

Tabelle 140|2-30: technische Eigenschaften – Gussasphaltestrich

Berechnungsgewicht	22 kN/m³
praktische Feuchtigkeit	0 M-%
Begehbarkeit	nach 2 Stunden
Belegbarkeit	nach 2 bis 4 Stunden (nach Abkühlung)
maximale Fugenabstände	keine Begrenzung im Raum, 6 bis 8 m im Freien

Kunstharzestrich

Mörtel und Estriche auf Kunstharzbasis werden in der ÖNORM EN 13813 [118] mit dem Kürzel SR bezeichnet („synthetic resin screed"). Kunstharzestriche sind schnell benutzbar, optisch ansprechend, robust und abriebfest und können somit oftmals für schwierige Detaillösungen eingesetzt werden. Sie werden beispielsweise speziell bei Sanierungsarbeiten unter großem Zeitdruck, bei stark inhomogenen Untergründen oder als auch als Lastverteilungsschicht verwendet.

Estriche aus Kunstharz lassen sich nahezu fugenlos verlegen, härten durch chemische Reaktion schnell aus, entwickeln im Vergleich zu mineralischen Materialien deutlich höhere Festigkeiten, bieten einen hohen Verschleißwiderstand und eine hohe Schlagzähigkeit. Außerdem sind sie unempfindlich gegen Feuchtigkeit und Wasser sowie eine Vielzahl von Chemikalien, sind frostbeständig, haben eine geringe Schwindneigung und einen hohen elektrischen Widerstand und sie lassen sich bereits in sehr geringen Schichtdicken einbauen.

Bei Kunstharzestrichen, die im Verbund verlegt werden, hat verpflichtend die Angabe der Haftzugfestigkeitsklasse zu erfolgen. Zur Bestimmung der Haftzugfestigkeit gilt ÖNORM EN 13892-8 [121]. Bei unmittelbar genutzten und im Verbund verlegten Kunstharzestrichen ist der Verschleißwiderstand nach RWA oder BCA anzugeben. Die Oberfläche eines Kunstharzestrichs wird in der Regel nicht direkt benutzt, sondern ist mit Belägen oder – im Industrieestrichbereich oder in Garagen – mit Beschichtungen zu versehen. Bei direkter Nutzung ist die Estrichoberfläche nach dem Überschleifen mit dem Bindemittel zu tränken und eventuell auch noch abzustreuen.

Tabelle 140|2-31: technische Eigenschaften – Kunstharzestrich

Berechnungsgewicht	20 kN/m³
Mischungsverhältnis	Harz : Zuschlag = 1 : 12
Schichtdicken	10 – 50 mm
Verbrauch	20 kg Mörtel pro m² und cm Schichtdicke Überversiegelung ca. 600 g/m² Grundierung ca. 300 – 500 g/m²
Druckfestigkeit	95 N/mm²
Biegezugfestigkeit	30 N/mm²
Belegbarkeit	8 bis Stunden
Belastbarkeit	3 bis 7 Tage

Kunstharzmörtel bestehen aus mineralischem Zuschlag, bei dünnen Schichtdicken aus feuergetrocknetem Quarzsand, sonst aus Rohstoffkombinationen mit hoher Packungsdichte und Körnungen 0-4 mm, aber auch aus Korund oder anderen Hartstoffen. Dieser wird durch Harze, sehr oft Epoxydharze, gebunden, weshalb oft auch von Epoxydharzestrich anstatt Kunstharzestrich gesprochen wird. Es werden aber auch Spezialmörtel mit Polyurethanen (PUR), Polymethylmethacrylaten (PMMA) oder ungesättigte Polyesterharze (UP) gebunden. Dazu gefügte Pigmente ermöglichen eine Farbgebung. In der Regel werden zweikomponentige Harze – also Harze und Härter eingesetzt. Die beiden Komponenten werden erst beim Mischvorgang zusammengefügt und ermöglichen eine rasche Reaktion des Bindemittels. Die Verarbeitungsrichtlinien und die Sicherheitsvorschriften des Materiallieferanten für die Ausführung sind immer zu beachten.

Kunstharzestriche sind schnell benutzbar, optisch ansprechend, robust und abriebfest und können somit oftmals für schwierige Detaillösungen eingesetzt werden.

Die Untergründe müssen ausreichend fest (mindestens C25/30 oder ZE 30), trocken, gleichmäßig saugend, staub-, fett- und ölfrei sein. Lose Teile sowie Bereiche mangelnder Festigkeit wie Zementschlämmen sind zu entfernen. Bei Verlegung im Verbund muss der tragende Untergrund eine Oberflächenzugfestigkeit von 1,0 N/mm² in nicht befahrenen Bereichen und von 1,5 N/mm² in befahrenen Bereichen aufweisen. Die Restfeuchtigkeit zementgebundener Untergründe darf 4 M-% nicht überschreiten. Fugen, Risse und Beschädigungen sind zu verfüllen bzw. zu verspachteln. Die Untergründe sind zur Gewährleistung eines guten Haftverbundes vor dem Belagsaufbau zu grundieren, in der Regel wird lösungsmittelfreies Epoxydharz verwendet.

Wird nicht „nass in nass" gearbeitet, dann ist der mit Harz verbesserte Untergrund vor dem Ausreagieren lose abgesandet, um danach einen guten Haftverbund mit der unmittelbar vor der Mörtelapplikation nochmals aufgetragenen Grundharzschicht zu ermöglichen. Diese sind dann unmittelbar nach Beendigung des Mischvorgangs auf dem vorbereiteten Untergrund zu verteilen und der Konsistenz entsprechend zu verdichten und abzuziehen. Auf ein richtiges Verdichtungsmaß (ca. 30 %) ist zu achten.

Die erforderliche Verlegetemperatur hängt vom Kunstharztyp ab, jedoch kann generell angegeben werden, dass Luft- und Bauteiltemperatur mindestens 3 K über dem Taupunkt liegen müssen. Die Aushärtezeiten von Kunstharzestrichen auf der Basis von ein- bzw. mehrkomponentigen Harzen sind von der Ausführungs- und Aushärtungstemperatur, der Art des Kunstharzes und dem Härtersystem erheblich abhängig. Allgemein kann bei Temperaturen von 15 °C bis 25 °C davon ausgegangen werden, dass Kunstharzestriche nach 8 bis 12 Stunden begangen und nach drei bis sieben Tagen mechanisch belastet werden dürfen. Kunstharzestriche sind relativ teuer. Nachteile liegen in der aufwändigen, auf die jeweilige Situation zugeschnittene Rezepturabstimmung, in der temperaturabhängigen Bearbeitungszeitspanne bis zum Abbinden und in den hohen Stoff- und Verarbeitungskosten. Außerdem können bei Entzündung gesundheitsgefährdende Dämpfe entstehen.

Kaltbitumenzementestrich, Bitumenemulsionsestrich

140|2|1|8

Ein Bitumenemulsionsestrich oder Kaltbitumenestrich ist ein kompakter, zähstabiler Belag, der die Stabilität eines Zementestrichs mit der Plastizität von Gussasphalt vereinen soll. Er ist ein Belag für großflächige, fugenlose Verkehrsflächen. Einsatzgebiete sind häufig Hallen mit Gabelstaplerverkehr, Tiefgaragen oder Messehallen, also mit vorwiegender Walkbeanspruchung durch rollenden Verkehr mit weichbereiften Fahrzeugen, durch die auch eventuelle Risse „zugewalkt" werden. Tatsächlich erhält der Belag seine endgültige Dichte erst unter dieser Beanspruchung – deshalb wird er auch Kompressionsestrich genannt.

Bitumenemulsionsestriche dürfen nach ÖNORM B 3732 [101] nur als einschichtige Verbundestriche hergestellt werden, ihre Dicke beträgt üblicherweise 12 bis 15 mm, jedenfalls aber zwischen 10 und 20 mm. Sie werden auf geeignetem, festen Betonuntergrund unter Verwendung einer Haftbrücke (Voranstrich) aus Bitumenemulsion verlegt. Der Untergrund darf nur schwach saugen, daher müssen normal oder stärker saugende Untergründe am Tag vor dem Arbeitsbeginn vorgefeuchtet werden.

Bitumenestriche sind nicht genormt, sondern werden in der Norm nur erwähnt, somit sind die Herstellerangaben für die Verarbeitung maßgebend. Sie werden aus einem Gemisch von Zement, lösungsmittelfreier Bitumenemulsion, Sand und Splitt und eventuell noch zusätzlichen Additiven hergestellt. Die Grundstoffe werden im Zwangsmischer zu einem erdfeuchten Mörtel aufbereitet. Die Gesteinskörnung macht etwa 40 bis 60 % der Estrichmasse aus. Das Mischungsverhältnis Zement zu Bitumenemulsion zu Sand zu Splitt (mit Kleinstkorn größer als 1 mm) beträgt in der Regel 1 zu 2 zu 5 zu 5 (nach Raumteilen). Das Größtkorn ist von der Estrichdicke abhängig und liegt ca. zwischen 4 und 10 mm (1/3 bis 1/2 der Estrichdicke). Das genaue Mischungsverhältnis der Komponenten zueinander richtet sich nach der zu erwartenden Belastung. Bei hohen Verkehrslasten wird der Estrich splittreicher und mit weniger Bindemittel ausgeführt. Estriche für niedrige Verkehrslasten werden bindemittelreicher angemischt.

Der Masseanteil an Bitumen, bezogen auf die Trockenmasse der Mischung, muss mindestens 7 % und der Splittanteil, bezogen auf die Masse des Zuschlags, mindestens 50 % betragen. Die Dosierung des bituminösen Bindemittels ist essenziell, da zu geringe Zugabe eine staubig zerbröselnde Oberfläche hervorruft, zu viel Bitumenemulsion jedoch eine schmierig-klebrige Oberfläche erzeugt. Die Herstellung des Estrichs ohne Schwind- und Scheinfugen ist zulässig. Der Estrich ist zumindest während der ersten zwei Tage nach seiner Herstellung vor zu rascher Austrocknung zu schützen, da er in der Frühphase schwindet – eine Rissentstehung ist möglich. Eine Trennung von Wänden oder Stützen durch Randstreifen ist nicht erforderlich.

Bitumenemulsionsestriche sind im Vergleich mit anderen Estrichen relativ preisgünstig. Sie sind jedoch nicht durch Fußbodenbeläge belegbar, der Estrich selbst ist auch nicht stuhlrollengeeignet. Eine Nassbelastung ist problemlos, lange andauernde Einwirkung von Feuchtigkeit, aber auch der Angriff von Benzin, Ölen oder Lösungsmitteln und eine Temperaturbeanspruchung über 40 °C sind zu vermeiden. Sofern Bitumenemulsionsestriche einer Dauer-Druckbelastung ausgesetzt sind, darf die gesamte Eindrucktiefe nach einer Belastungsdauer von fünf Stunden und einer Belastung, die der doppelten geforderten spezifischen Flächenpressung – jedoch maximal 5 N/mm² – entspricht, nicht größer als 0,5 mm sein.

Verbundestrich

140|2|1|9

Verbundestriche erfordern einen tragfähigen und stabilen Untergrund. Zum Zeitpunkt der Estrichherstellung muss die Beton-Druckfestigkeit des Untergrundes oder von Ausgleichsbetonschichten mindestens C25/30 entsprechen oder mindestens die Druckfestigkeit der gewählten Estrichqualität besitzen. Nutzestriche müssen eine Qualität von mindestens E300/A15/C aufweisen (Tabelle 140|2-18).

Der Untergrund muss frei sein von allen die Erhärtung oder die Haftung beeinflussenden oder den Verbund schädigenden Materialschichten wie Chemikalien, Ölen, hydrophoben Mitteln, Nachbehandlungsfilmen oder Imprägnierungen, dazu zählen auch Karbonatschichten. Diese Schichten sind in der Regel durch Kugelstrahlen, eventuell tiefer durch Abfräsen oder kleinflächig durch Ausschleifen, zu entfernen.

Die Oberfläche muss aufgeraut und offenporig sein. Fräsen alleine ist nicht günstig – die Oberfläche wird gestört – ein nachträgliches Kugelstrahlen zum Abtrag der zerrütteten obersten Strukturschicht ist erforderlich. Stocken ist als Alternative zum Kugelstrahlen für Kleinflächen möglich, ein Schleifen mit der Diamantscheibe schafft keine genügend offenporige Oberfläche.

Verbundestriche erfordern einen tragfähigen, stabilen und entsprechend aufgerauten und offenporigen Untergrund.

Wenn die Oberfläche z. B. durch die Karbonatisierungsschicht zu wenig offenporig oder zu dicht ist, kann auch mit einem abgestreuten Haftgrund aus Epoxidharz und Quarzsand ein gleichwertiger „Verkrallungseffekt" erzielt werden. Ungleichmäßiges oder zu starkes Saugen ist durch geeignete Maßnahmen (z. B. Vornässen) zu vermeiden. Einzelne Hohlstellen bis 0,5 m² in der Kontaktschicht sind zulässig, wenn die vorgesehene Nutzung dadurch nicht eingeschränkt wird. Je 10 m² dürfen maximal zwei Hohlstellen auftreten.

Gefälleestrich

140|2|1|10

Gefälleestriche sind keine eigene Estrichform, sie sind als Sonderform von Verbundestrichen zu sehen. Bei Gefälleestrichen ist darauf zu achten, dass die Mindestdicke, die sich zumindest aus der dreifachen Zuschlagskorngröße definiert, nicht unterschritten wird, da diese Bereiche dann leicht zerstört werden können.

Gleitestrich, Estrich auf Trennschicht

140|2|1|11

Estriche auf Trennschicht sind durch eine dünne Zwischenlage vom tragenden Untergrund getrennt. Sie können sich deshalb weitgehend unabhängig vom Untergrund verformen. Anwendungsgebiete für Estriche auf Trennlagen sind Terrassen, Balkone oder in Kellern ohne Wärmedämmanforderungen, also zumeist ein Untergrund mit aufgebrachten Abdichtungsbahnen. Da es nicht zum kraftschlüssigen, homogenen Verbund mit dem Untergrund kommt, sind die Schichtdicken des Estrichs etwas höher zu wählen.

Schwimmender Estrich

140|2|1|12

Ein schwimmender Estrich ist ein auf Dämmschicht hergestellter Estrich, der auf seiner Unterlage beweglich ist und keine unmittelbare Verbindung mit angrenzenden Bauteilen aufweist. Die biegesteife, lastverteilende Estrichplatte bildet mit der federnden Dämmschicht ein Schwingungssystem, das das Eindringen von Körperschall in die Deckenkonstruktion weitgehend verhindert, die Luftschalldämmung verbessert und die Anforderungen an den Wärmeschutz erfüllt.

Die Estrichdicke hängt von der Estrichart, den aufzunehmenden Lasten und der Zusammendrückbarkeit der Dämmschichte ab. Bei der Herstellung ist besonders auf die Ausbildung der Randabschlüsse zu achten, da bereits bei vereinzelten Schallbrücken die Trittschallschutzwirkung des ganzen Estrichs verloren gehen kann.

Eine gleichmäßige Estrichdicke ist unbedingt erforderlich, da bei unterschiedlicher Dicke der Estrich nicht gleichmäßig trocknet und dadurch Spannungen in der Estrichfläche entstehen, die zu Rissbildungen führen können. Das gilt auch für Fließestriche, die grundsätzlich spannungsarm trocknen.

Die Güte des Trittschallschutzes hängt in hohem Maß von der Bauausführung ab, weshalb bei der Herstellung schwimmender Estriche gemäß ÖNORM B 8115-4 [108] auch auf folgende Punkte zu achten ist:

- Zur Herstellung schwimmender Estriche sind belastbare Trittschall-Dämmplatten (z. B. MW-T gemäß ÖNORM B 6035 [104] oder EPS-T 650 gemäß ÖNORM B 6050 [105]) oder andere geeignete Materialien mit

Ein schwimmender Estrich ist auf seiner Unterlage beweglich und hat keine unmittelbare Verbindung mit angrenzenden Bauteilen.

entsprechender dynamischer Steifigkeit zu verwenden. Die Dämmstoffdicke im eingebauten Zustand darf durch Einbauten, z. B. durch Rohre, nicht auf weniger als 15 mm vermindert werden, sofern nicht das Rohr selbst eine geeignete Ummantelung aufweist.

- Vor Aufbringen des schwimmenden Estrichs oder des schwimmenden Holzfußbodens ist sicherzustellen, dass die Dämmschicht lückenlos und unbeschädigt ist. Der Estrich ist von der Rohdecke bzw. der Beschüttung sowie von den Wänden, Türzargen, Leitungsrohren und dergleichen durchgehend zu trennen.

- Harte Gehbeläge wie z. B. Parkett oder keramische Fliesen dürfen nicht starr an Wände, Türzargen, Rohrleitungen etc. angeschlossen werden.

- Bei der Verlegung eines Klebeparkettbelages ist darauf zu achten, dass die Parkettklebemasse nicht in die Randfuge des Estrichs eindringt, da sie im erhärteten Zustand eine stark wirksame Schallbrücke bilden kann.

- Keramische Bodenfliesen sind einschließlich eines allfälligen Mörtelbettes von den Wänden bzw. Sockelleisten durch eine elastische Dichtungsmasse zu trennen. Sind in Sanitärräumen mit harten Belägen dynamische Belastungen (z. B. durch eine Waschmaschine) zu erwarten, sind für die Schalldämmung speziell geeignete Dämmstoffe und Fugendichtungsmassen zu verwenden.

- Die Randstreifen dürfen erst nach der Verlegung der obersten Schichte abgeschnitten werden.

Fließestrich

140|2|1|13

Fließestriche ermöglichen eine rasche und einfache Art der Estrichherstellung. Sie sind so konfektioniert, dass sie – in gewissem Umfang – selbstnivellierend sind. Ein Mithelfen mit einer Schwabbelstange ist aber in der Regel erforderlich. Sie sind zumeist Calciumsulfatestriche (mit Anhydritbinder), die eine große Zahl von Vorteilen eröffnen, dürfen jedoch in Außenbereichen und in Bereichen mit hoher Feuchtigkeitsbelastung (Nassbereiche der Feuchtigkeitsbeanspruchung W4) nicht eingebaut werden.

Natürlich sind auch Zementfließestriche am Markt – es besteht aber ein erhöhtes Risiko von größeren Verformungen (Schwinden), ein verzögerter Trocknungsprozess wegen des dichten Gefüges und dem damit starken Wasserrückhaltevermögen, was besonders bei größeren Dicken stark spürbar wird. Die zu erwartende Schwinddauer ist demnach auch hoch. Als Ansatz gilt, dass ein 5 cm Zement-Fließestrich nach einem halben Jahr erst etwa 60 % des Gesamtschwindmaßes abgebaut hat. In den anderen Materialeigenschaften entspricht er dem regulären Zementestrich. Das gilt grundsätzlich auch für den Calciumsulfat-Fließestrich, der mit dem konventionellen Calciumsulfatestrich materialbezogen vergleichbar ist.

Calciumsulfat-Fließestrichen werden die folgenden Eigenschaften zugewiesen:

+ kein Schüsseln und damit keine Randverformungen

+ Schnellere Verlegung als konventionelle Zement-Estriche – Tagesleistungen von bis 1200 m² sind möglich. Hier wird jedoch der Mehraufwand der Vorbereitungsarbeiten für das dicht verklebte und wannenförmige Verlegen der Unterlagsfolien nicht berücksichtigt.

+ Geringes Schwindmaß von nur 0,05 mm/m – damit können Fließestriche (ohne Bodenheizung) bei geeignetem Grundriss bis zu

Fließestriche weisen viele Vorteile wie eine rasche und einfache Art der Estrichherstellung auf, es sind jedoch auch die Nachteile und Planungsvoraussetzungen zu berücksichtigen.

einer Fläche von 1000 m² fugenfrei eingebaut werden. Damit müssen weniger Trennfugen aus dem Estrich in den Plattenbelag übernommen werden.

+ Das Verhältnis der Biegezugfestigkeit zur Druckfestigkeit ist bei Fließestrich auf Basis von Calciumsulfat höher als bei konventionellem Estrich. Somit ist ein Einbau mit etwas geringerer Konstruktionshöhe möglich – geringeres Bauvolumen und Flächengewicht. Die maximale Estrichdicke sollte 50 mm nicht überschreiten, da ansonsten auch die Trocknung verzögert wird.

+ Raschere Bauzeit – nach 24 bis 72 Stunden sind die Böden begehbar und nach 28 Tagen voll belastbar.

+ Mit Bodenheizung lassen sich Feldgrößen um rund 40 % größer halten als bei Zementestrich.

+ Durch gute Fließeigenschaften umschließt der Estrich die Heizrohre gleichmäßig und ermöglicht so eine optimale Wärmeabgabe.

– Calciumsulfat-Fließestriche können nur für Trockenbereiche eingesetzt werden.

– Die Herstellung von Gefälleestrichen ist nicht möglich.

– Der Estrichmörtel muss ungehindert trocknen können.

– Bei hoher Luftfeuchtigkeit und/oder hohen Temperaturen (über 30 °C) kann die Erhärtung wesentlich verzögert werden.
Calciumsulfatestriche haben hygroskopische Eigenschaften.

– Calciumsulfatestriche wirken korrosionsfördernd auf Eisen und Stahlelemente.

– Calciumsulfat-Fließestriche erfordern vor dem Verlegen der Bodenbeläge fast immer ein Anschleifen oder sogar Abschleifen der Estrichoberfläche (Sinterschichtbildung).

– Die dichte Folienunterlage wirkt relativ dampfbremsend – wegen der sperrenden Wirkung entstehen eventuell nachteilige Auswirkungen bei Holzdeckenkonstruktionen.

– Bei Fehlern in der Verklebung rinnt der Estrich sehr leicht in den Estrichunterbau – Schallbrücken können die Folge sein.

– Nässe aus dem Unterbau kann den Estrich schädigen.

Trockenestrich, Fertigteilestrich   140|2|1|14

Fertigteil- oder Trockenestriche sind Unterböden, die sich aus der Forderung nach immer kürzeren Bauzeiten entwickelt haben. Fertigteilestriche bestehen aus vorgefertigten, kraftschlüssig miteinander verbundenen Platten, die trocken eingebaut werden. Aufgrund ihrer geringen Konstruktionshöhe und dem trockenen Einbau werden sie nicht nur in Neubauten, sondern vorwiegend bei der Altbausanierung eingesetzt. Nachteilig wirkt sich ihre Empfindlichkeit gegen jede Art von Feuchtigkeit aus, wobei deshalb hier in den letzten Jahren vermehrt feuchtigkeitsresistente zementgebundene Bauplatten eingesetzt werden. Vorzugsweise werden als Platten verwendet:

– Holzwerkstoffplatten
– Gipskartonplatten

- Gipsfaserplatten
- Zementbauplatten

Die Verlegung der Platten erfolgt auf Trockenschüttungen, Lagerhölzern (Polsterhölzern) oder vollflächig schwimmend auf Dämmplatten, wobei Elemente mit Nutkanten miteinander verklebt oder gesteckt werden. Als Erweiterung werden die Trockenestrichelemente schon mit fertig aufkaschierten Trittschalldämmplatten geliefert und verlegt.

Heizestrich

Die Fußbodenheizung bietet bei richtiger Anwendung und Oberflächentemperatur eine optimale thermische Behaglichkeit. Die zulässige Fußbodentemperatur soll in beheizten Wohn- und Arbeitsräumen etwa 26 bis 28 °C, in Badezimmern und Schwimmhallen etwa 32 °C betragen.

Tabelle 140|2-32: Heizestrich, Fußbodenheizungen

Einsatzbereich		
Vollheizung	Grundlastheizung	Teilbereiche
Wärmequelle		
Warmwasser-Fußbodenheizung		Elektro-Fußbodenheizung
Ausführungsart		
Fußboden-Direktheizung		Fußboden-Speicherheizung
Lage der Heizrohre bzw. Heizleiter		
Nassverlegung		Trockenverlegung

Abbildung 140|2-04: Fußbodenheizungen – Lage der Heizrohre bzw. Heizleiter

Nassverlegung Trockenverlegung
Warmwasser-Fußbodenheizung

Speicherheizung Direktheizung
Elektro-Fußbodenheizung

Warmwasser-Fußbodenheizungen
Im Fußboden sind Rohre oder Hohlprofile verlegt, durch die Warmwasser zirkuliert.

Elektro-Fußbodenheizungen
Beheizung durch in den Fußboden eingebaute und an das Stromnetz angeschlossene Heizleitungen oder Heizmatten.

Fußboden-Direktheizungen
Die Wärme wird mit möglichst geringer zeitlicher Verzögerung an den Raum abgegeben. Die Heizrohre sind möglichst oberflächennah verlegt, der Fußbodenbelag muss einen möglichst niedrigen Wärmedurchlasswiderstand aufweisen (Naturwerksteine, Fliesen, Betonwerksteine etc.).

Fußboden-Speicherheizungen
Die Wärme wird mit einer gewollten zeitlichen Verzögerung an den Raum abgegeben. Der Fußbodenbelag ist dabei ein wichtiger Teil des Heizungssystems. Er muss gewährleisten, dass die Wärme gleichmäßig

Heizestriche bieten vielfältige Möglichkeiten beginnend mit dem Einsatzbereich, über die Art der Wärmequelle und Ausführung, bis zur Lage der Heizrohre.

abgegeben wird und, dass sich während des Speichervorganges der Raum nicht überheizt. Er dient als Wärmebremse und muss einen deutlich höheren Wärmedurchlasswiderstand als bei Direktheizungen besitzen (textile Beläge, Holzparkett etc.).

Nassverlegung

Die Heizrohre sind direkt im Estrich eingebettet.

+ gute Wärmeübertragung

+ beliebiger Rohrverlauf

– hoher Montageaufwand

– Beschädigungsgefahr während des Baufortschrittes

Trockenverlegung

Die Heizrohre sind vom Estrich vollkommen getrennt. Die Rohre werden in vorgeschäumten Dämmplatten unter Einlage von Wärmeleitblechen verlegt und abgedeckt.

+ geringe Einbauhöhe

+ vollkommen trockene Verlegung möglich

+ Beschädigungsgefahr der Rohre gering

– schlechte Wärmeübertragung bei Direktheizungen

Bei Heizestrichen wird empfohlen, die in der ÖNORM B 3732 [101] angegebenen Grenzmaße für Feldgröße und Feldgeometrie durch Trennung mittels Bewegungsfugen einzuhalten. Die Praxis hat jedoch gezeigt, dass sich beheizte Zementestriche, je nach Grundriss, bei Anordnung von Scheinfugen nach den in der ÖNORM B 3732 [101] angegebenen Grenzmaßen (maximal 40 m²) und entsprechend dickerer Dimensionierung der Randstreifen auch ohne Fugen schadensfrei ausführen lassen (VÖEH – Fugen im Estrich [57]). Scheinfugen anstelle von Bewegungsfugen können bei beheizten Zementestrichen auch in Türleibungen und Durchgängen angeordnet werden, wenn nicht mehrere Räume hintereinander liegen und die Randfugen ausreichend dimensioniert werden. Sind Bewegungsfugen innerhalb einer Heizestrichfläche erforderlich, so müssen die Heizsysteme die Ausbildung von Bewegungsfugen ermöglichen. Bei Heizestrichen sollen Bewegungs- und Randfugen nur von Anbindeleitungen und nur in einer Ebene überquert werden. Im Bereich der Bewegungs- und Randfugen sollen die Anbindeleitungen mit einem flexiblen, dünnwandigen (ca. 2 mm) Schutzrohr von etwa 0,3 m Länge umhüllt werden.

Dämmmaterialien

140|2|2

Für den Fußbodenaufbau geeignete Dämmstoffe entsprechen der ÖNORM B 6000 [103], der ÖNORM EN 16025-1 [126] und ÖNORM EN 16069 [127]. Dies gilt auch für Dämmstoffe, die aufgrund ihrer Formgebung als Trägerplatte dienen (z. B. Profildämmplatten) und ein Bestandteil des Fußboden-Heizsystems sind.

Die Zusammendrückbarkeit CP der gesamten, auch mehrlagigen Dämmschichten, einschließlich der Ausgleichsschicht, darf nicht mehr als 5 mm betragen. Die Oberfläche für die Verlegung der Dämmschichten ist soweit einzuebnen, dass eine voll aufliegende und ebenflächige Verlegung ermöglicht wird. Es sind die Ebenheitsanforderungen gemäß ÖNORM DIN 18202 [109] für nichtflächenfertige Oberseiten von Decken, Unterbeton und Unterböden mit erhöhten Anforderungen einzuhalten.

Rohrleitungen sind ausschließlich in Ausgleichschichten anzuordnen und müssen so befestigt sein, dass sie bei der Estrichherstellung nicht verschoben werden können, Dämmschichten für Schall- und Wärmeschutz dürfen nicht geschwächt werden. In Verbundestrichen oder Estrichen auf Trennschicht ist die Anordnung von Rohrleitungen nicht zulässig.

Tabelle 140|2-33: prinzipielle Anwendungsgebiete der Dämmstoffe unter Estrichen – ÖNORM B 6000 [103]

Dämmstoff	Trittschallanforderung	
	OHNE	MIT
MW – Mineralwolle	×	×
MW-WL, MW-W, MW-WF, MW-WV, MW-PT5	–	–
MW-WD, MW-PT10, MW-PT80	×	–
MW-T	–	×
EPS Polystyrol-Hartschaumstoff	×	×
EPS-W 15, EPS-F	–	–
EPS-W 20, EPS-W 25, EPS-W 30, EPS-P	×	–
EPS-T 650, EPS-T 1000	–	×
XPS – Polystyrol-Extruderschaumstoff	×	–
XPS-G 20, XPS-G 30, XPS-G 50, XPS-G 70, XPS-R	×	–
PU – Polyurethan-Hartschaumstoff	×	–
PU-DD-100, PU-DD-150, PU-DD-200, PU-DD-250, PU-DD-350, PU-DO-100, PU-DO-150, PU-DO-200, PU-DO-250, PU-DO-350, PU-PT	×	–
CG – Schaumglas	×	–
CG-D, CG-HD, CG-F	×	–
WW – Holzwolle	×	–
WW, WWH 150, WWH 200, WWD, WWPT, WW-MW, WW-EPS, WW-EPS-WW, WW-MW-WW, WWH-MW-WWH30, WWH-MW-WWH 50, WWH-EPS-WWH 50, WWH-DK-WWH 50, WWH-MW-WWH 100	×	–
ICB – expandierter Kork	×	–
DK-E	×	–
WF – Holzfasern	×	×
WF-W, WF-WF, WF-WV	–	–
WF-WD, WF-PT5, WF-PT10	×	–
WF-T	–	×

Schall- und Trittschalldämmung   140|2|2|1

Abbildung 140|2-05: dynamische Steifigkeit s´ von Trittschall-Dämmplatten in Abhängigkeit von der Zusammendrückbarkeit – ÖNORM B 8115-4 [108]

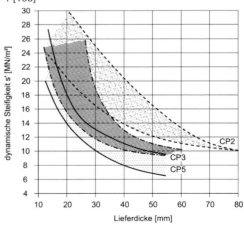

Für die Schall- und Trittschalldämmung sind Dämmstoffe mit einer niedrigen dynamischen Steifigkeit besonders wirksam. Durch diese niedrige Steifigkeit neigen die Dämmschichten aber zu einer höheren Zusammendrückbarkeit, die für die einzelnen Aufbauten begrenzt ist. Wenn die Nutzlast auf dem Estrich

5 kN/m² (= 5 kPa) überschreitet, dürfen nur Produkte verwendet werden, die Stufe CP2 für die Zusammendrückbarkeit aufweisen. Zusätzlich muss die Langzeitdicken-Verringerung ermittelt werden und darf den jeweiligen Grenzwert CP2 ebenfalls nicht überschreiten.

Tabelle 140|2-34: dynamische Steifigkeiten von Trittschalldämmstoffen

		Dicke im eingebauten Zustand [mm]	Steifigkeit [N/cm³]
Steinwolle-Rollfilz		12,0	19,0
Steinwolle-Platten		10,0	20,0
Glasfaser-Rollfilz		12,0	20,0
Glasfaser-Trittschalldämmplatten	TDP S 15/10	10,0	12,2
	TDP S 20/15	15,0	12,5
	TDP S 25/20	20,0	6,9
	TDP S 30/25	25,0	6,5
	TDP S 35/30	30,0	5,6
kunstharzgebundene Hüttenwolle		17,5	16,7
Kokosfaser-Rollfilz		12,0	29,0
Polystyrol-Hartschaumplatten		13,0	12,3
		15,0	10,8
		20,0	7,8
2,5 cm dicke Holzwolle-Leichtbauplatten auf 9 mm dicken Glasfaserplatten		34,0	6,0
Glasfaserplatte		6,0	32,0
Kokosfasermatte		7,0	36,0
Schlackenwolle-Platte		19,2	50,0
Torfplatte		15,9	67,0
Korkschrotschüttung		20,0	81,0
Polystyrol		9,0 – 10,0	60,0 – 170,0
Gummischrotmatte		6,0	96,0
Korkschrotmatte		7,4	150,0
Weichfaserdämmplatte		13,0	150,0
Holzwolle-Leichtbauplatte, lose verlegt		25,0 – 50,0	455,0 – 829,0
Holzwolle-Leichtbauplatte, feste Verbindung mit Untergrund		25,0 – 50,0	50,8 – 391,0
Korkplatte, lose verlegt		12,0	550,0
Wellpappe aus Wollfilz		2,5	180,0
Sandschüttung		22,0	300,0
Holzwolle-Leichtbauplatte		25,0	27000,0

Wärmedämmung

140|2|2|2

Abbildung 140|2-06: Wärmedämmstoffe – Wärmeleitfähigkeit und Rohdichte – Daten aus ÖNORM B 8110-7 [107]

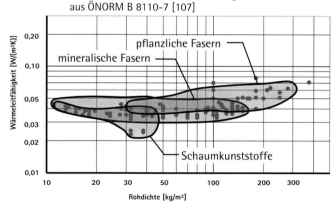

Für die Auswahl geeigneter Dämmstoffe ist es entscheidend, ob es sich um einen Bodenaufbau eines Fußbodens im Innenbereich ohne oder mit Feuchtigkeits-beanspruchung oder einen Bodenaufbau im Außenbereich (siehe Band 9: Flachdach [10]) handelt. Bei gleichzeitiger Verwendung von Dämmstoffen zur

Trittschalldämmung sollten die zusätzlichen Wärmedämmschichten eine höhere Steifigkeit besitzen, da die Zusammendrückung des gesamten Boden-aufbaues maßgeblich ist. Als zusätzliche Wärmedämmschichten sind auch Ausgleichsschichten (140|2|3) zu sehen. Typische Wärmedämmstoffe besitzen Rohdichten von 10 bis 300 kg/m³ bei Wärmeleitfähigkeiten von 0,025 bis 0,080 W/m²K.

Ausgleichsschichten

140|2|3

Ausgleichsschichten und Schüttungen dürfen keine aggressiven Materialien für den Estrich, den Untergrund oder für eventuelle Einbauten enthalten und müssen für den Niveauausgleich gebunden sein. Lose Schüttungen dürfen nur dann verwendet werden, wenn ihre Gebrauchstauglichkeit nachgewiesen ist.

Tabelle 140|2-35: wärmeschutztechnische Bemessungswerte für Schüttungen –
ÖNORM B 8110-7 [107]

Schüttungen und Schüttdämmstoffe	ρ [kg/m³]	λ [W/mK]	μ [–]
Blähperlite (lose)	100	0,060	–
Hüttenbims	800	0,130	–
Blähton	400	0,160	–
Kesselschlacke	750	0,330	–
Schüttung	1800	0,700	–
Blähton-Trockenschüttung	230 – 275	0,100	–
Perlit-Dämmschüttung	90	0,051	3
Dämmstoff aus gebundenem EPS-(RECYCLING) Granulat	108	0,055	6
Dämmstoff aus gebundenem EPS-(NEU) Granulat	82	0,050	5
Dämmstoff aus zementgebundenem EPS-Granulat	175	0,080	–
	225	0,090	
	275	0,100	
	325	0,110	
Ausgleichsschüttungen aus EPS-(RECYCLING) Granulat mit Bindemitteln od. Zement gebunden	150	0,075	–
Schaumglasgranulat-Schüttung	150	0,140	–

Weiche Ausgleichsschichten (z. B. Polystyrolschüttungen ohne Anforderungen an wärme- und schalltechnische Eigenschaften) müssen hinsichtlich ihrer Zusammendrückbarkeit CP eingestuft sein. Für Gussasphaltestriche werden lose Schüttungen aus Perlite oder Ähnliches verwendet, die eine Druckfestigkeit von mindestens 0,3 N/mm² aufweisen und temperaturbeständig sind. Bei zement-gebundenen Polystyrolschüttungen sollte auf eine Dickenverringerung zufolge von Schwindverkürzungen geachtet werden.

Beispiel 140|2-06: Leitungsverlegung im Bereich der Ausgleichsschichte

Trennlagen

140|2|4

Trennlagen gelten nicht als Feuchtigkeitsabdichtung, Feuchtigkeitssperre oder Dampfbremse und müssen eine Verbindung zwischen Estrich und Untergrund dauerhaft verhindern und wasserbeständig (ausgenommen bei Gussasphalt-estrichen) sein.

Für Trennlagen sind Polyethylenfolien (PE-Folien) von mindestens 0,1 mm Dicke (bei Magnesiaestrich 0,2 mm) oder andere Kunststofffolien mit annähernd gleicher Reißfestigkeit und Dehnfähigkeit zu verwenden. Haben Trennlagen eine Gleitfunktion zu erfüllen, sind zwei Polyethylenfolien von je mindestens 0,2 mm Dicke zu verlegen.

Randstreifen

140|2|5

Bei schwimmenden Estrichen ohne Heiz- und Kühlsysteme und Estrichen auf Trennschicht müssen Randstreifen eine Dicke von mindestens 5 mm, bei Magnesiaestrichen von mindestens 10 mm aufweisen. Bei Estrichen mit Heiz- und Kühlsystemen müssen die Randstreifen eine Bewegung des Estrichs von mindestens 5 mm zulassen.

Speziell bei schwimmenden Estrichen (ausgenommen bei Gussasphaltestrichen) müssen die Randstreifen abwinkelbar oder mit einer Folienlasche versehen sein. Bei Gussasphaltestrichen müssen die Randstreifen einer Verlegetemperatur von 240 °C bis 290 °C standhalten und eine Dicke von mindestens 6 mm aufweisen.

Abdichtungen

140|2|6

Fußböden sind bei Feuchtigkeitsbeanspruchung abzudichten. Das ist bei Bädern oder auch auf Terrassen (siehe Band 9: Flachdach [10]) sofort nachvollziehbar. Bei größerer Beanspruchung sind sogar zwei Dichtebenen anzuordnen, wie beispielsweise über Holzkonstruktionen als reine Sicherheitsabdichtungen unter Bädern. Oft jedoch müssen Dichtebenen auch als Schutz gegen Durchfeuchtung durch auftretenden Wasserdampf aus neu hergestellten Betonplatten eingebaut werden, wie bei darüber angeordneten sensiblen Bodenbelägen. Der s_d-Wert der Dampfsperre muss dabei größer sein als der s_d-Wert der Fußbodenkonstruktion.

Bei der Wahl der Abdichtung ist zu unterscheiden hinsichtlich der Feuchtigkeitsbeanspruchung.

Hinsichtlich der Quantifizierung der Feuchtigkeitsbeanspruchungen nach ÖNORM B 3407 [99] wie auch in der für die Bauwerksabdichtungen geltenden ÖNORM B 3692 [100] siehe Tabelle 140|3-13. Aus den Beanspruchungsklassen resultieren dann für Feuchträume erforderliche Abdichtungsmaßnahmen.

Tabelle 140|2-36: Feuchtraumabdichtung und Abdichtungsmaterialien – ÖNORM B 3407 [99]

Materialien	W1	W2	W3	W4 / W5
	Mindestanzahl der Lagen und Mindestnenndicke			
Bitumenbahnen gemäß ÖNORM B 3665	–	–	1 Lage, 4 mm	2 Lagen, 8 mm
Kunststoffabdichtungsbahnen gemäß ÖNORM B 3664	–	–	1,2 mm	1,5 mm
KMB gemäß ÖNORM EN 15814	–	–	4 mm	6 mm
Flüssigkunststoffe in Anlehnung an ETAG 005	–	–	1,8 mm	2,1 mm
Bei Verwendung von Bitumen-Kaltselbstklebebahnen darf die Nenndicke im 1 mm reduziert werden. Diese ist thermisch entsprechend den Herstellervorschriften zu aktualisieren.				

Verbundabdichtung, Flüssigkunststoffe

140|2|6|1

Flüssigabdichtungen bestehen aus Reaktionsharzen, die oft durch Zugabe von Härtern zu elastischen Massen polymerisieren, wobei in der Regel noch Trägerlagen eingearbeitet werden, damit sie als vollwertige Abdichtung im Sinne der ÖNORM B 3691 [101] gelten. Somit entstehen vor Ort Abdichtungen durch chemische Reaktion oder physikalische Trocknung mit Dicken von 1,8 bis 2,5 mm und ohne Nähte. Die Eigenschaften der Flüssigkunststoffe ergeben sich aus Art, Menge und Beschaffenheit der Bestandteile. Vorteilhaft ist die Flexibilität beim Anarbeiten an aufgehende Bauteile und die gute Haftung auf der Mehrzahl aller baupraktisch vorhandenen Untergründe. Flüssigkunststoffabdichtungen sind relativ teuer und werden deshalb zumeist nur für Sonderlösungen und Anschlüsse verwendet. Bei Einsatz unter dauerhafter Nassbelastung (besonders in warmem Wasser) ist bei Polymeren, Polyestern, Polyamiden und vor allem bei Polyurethanen der Hydrolysebeständigkeit besonderes Augenmerk zu schenken.

Oft sind Kunststoffabdichtungen auch als Verbundabdichtungen ohne Trägereinlage appliziert (siehe 140|3|4|2), dann kann auch die Schichtdicke geringer ausfallen und ist den Herstellerangaben entsprechend und abhängig vom verwendeten Kunststoff mit 0,5 bis 1,0 mm Mindesttrockenschichtdicke nach unten begrenzt. Verbundabdichtungen sind nur im Verbund mit Fliesenklebern normgeregelt. Andere Anwendungen analog und mit den gleichen Stoffen (z. B. Abdichtung auf dem Trockenestrich vor dem Verlegen von Parkettböden) sind im Sinne der Normung nicht als Verbundabdichtungen zu werten. Hier stellt das deutsche BEB-Merkblatt „Arbeitsrichtlinien Abdichtungsstoffe im Verbund mit Bodenbelägen" [29] den Stand der Technik dar.

Der Dampfdiffusionswiderstand von Flüssigabdichtungen ist den Kunststoffbahnenabdichtungen aus gleichem Material ähnlich und sie sind somit als Dampfsperren nicht geeignet.

Bitumenabdichtung

140|2|6|2

Abdichtungen zu Kellerbodenplatten und zu Rohdecken aus Beton werden zumeist aus aufgeflämmten Bitumenbahnen z. B. P-KV 4 ausgeführt. Ein Oberflächenschutz der Bitumenbahnen durch Beschieferung ist für die auf Decken verlegten Bahnen unwesentlich, ebenfalls sind keine Temperatureinwirkungen zu erwarten, die eine erhöhte Standfestigkeit der eingesetzten Bitumen verlangen.

Soll nur Wasserdampf gebremst werden, reicht eine Lage Abdichtung aus, jedoch ist für eine effektive Diffusionsdichtigkeit eine Bahn mit Aluminiumeinlage einzubauen. Jedenfalls aber sind die An- und Abschlüsse dicht zu verkleben und alle Durchführungen dicht einzubinden.

Tabelle 140|2-37: bituminöse Dampfbremsen, Dampfsperren [10]

Kurzbezeichnung		Norm	s_d [m]
GV 45	Bitumenbahn mit Glasvlieseinlage	ÖNORM B 3666 [99]	>100
ALGV-4, E-ALGV-4	Bitumen-Dampfsperrbahnen mit Aluminiumeinlage	ÖNORM B 3666 [99]	>1000
E-ALGV-1,5 sk	selbstklebende Polymerbitumen-Dampfsperrbahn mit Aluminiumeinlage	ÖNORM B 3666 [99]	>1000
E-KV4, E-KV-5	Elastomerbitumenbahn mit Kunststoffvlieseinlage	ÖNORM B 3666 [99]	>100

Bei echten Abdichtungen ist eine Einbindung in ein Abflusssystem zu überlegen, da der einfache Weg einer „dichten Notwanne" zwar die empfindliche Tragkonstruktion schützt, jedoch möglicherweise größere Kosten im Falle einer Undichtigkeit der oberen Verbundabdichtung nach sich zieht. Spachtelbare kunststoffmodifizierte Bitumendickbeschichtungen werden bei Decken kaum eingesetzt.

Kunststoffabdichtung

140|2|6|3

Diese hochpolymeren Abdichtungsbahnen – fadenförmige Thermoplaste oder weitmaschig vernetzte Elastomere – werden einlagig verlegt oder verklebt und an den Nähten dicht verklebt oder verschweißt. Als Techniken werden

Quellschweißen, Warmgasschweißen, Extrusionsschweißen, Heizelement-schweißen oder Verklebung mit Heißbitumen eingesetzt. Die Materialdicken betragen in der Regel 1,5 bis 2,4 mm.

Tabelle 140|2-38: Materialien für Kunststoffdachabdichtungen [10]

Kurzbezeichnung	Namen	
PVC	Polyvinylchlorid	Thermoplast
PIB	Polyisobutylen	Elastomer
ECB	Ethylencopolymerisat – Bitumen	Thermoplast
EPDM	Ethylen-Propylen-Dien-Terpolymer	Elastomer
TPE	thermoplastische Elastomere	Elastomer
FPO	Flexible Polyolefine	Thermoplast
CSM	chlorsulfoniertes Polyethylen	Elastomer
EVA	Ethylen – Vinyl – Acetat – Copolymer	Thermoplast

Für die Einsatzgebiete auf Decken sind Kunststoffabdichtungen zu aufwändig und sie werden auch deshalb seltener verbaut. Auch in der Decke sind alle Anschlüsse sorgsam und dicht auszuführen, wobei die verbauten Untergründe für Verklebungen geeignet sein müssen. Dampfdichte Kunststoffbahnen (DS dd) sind im Regelfall einseitig mit einer Metallschicht überzogen.

Tabelle 140|2-39: Dampfsperrbahnen aus Kunststoff [10]

Kurzbezeichnung		Norm	S_d [m]
	Kunststoffdampfsperrbahnen aus Polyethylen, Polypropylen, Polyester oder deren Verbundstoffe	ÖNORM B 3667 [100]	
DB	– Dampfbremsbahn		<90
DS	– Dampfsperrbahn		90 – 1000
DS dd	– Dampfsperrbahn dampfdicht		>1000
IIR	Dampfsperren aus Kunststoffbahnen aus Isobuten – Isoprenkautschuk	ÖNORM B 3667 [100]	>90

Systemböden

140|2|7

Speziell in Bürogebäuden und gewerblich genutzten Objekten, besteht die Notwendigkeit der Verteilung von Medien im Bereich des Fußbodens. Dadurch haben sich unterschiedliche Systeme entwickelt. Die Möglichkeiten beginnen bei einfachen Unterflurkanälen und reichen über Installationsböden bis zu Hohlraumbodensystemen.

Tabelle 140|2-40: Installationssysteme in der Bodenebene – Systemböden

Systemböden					
Unterflurkanalsysteme		Hohlraumbodensysteme		Installationsbodensysteme	
offene Systeme	geschlossene Systeme	monolithische Systeme	mehrschichtige Systeme	Punktlagerung	Linienlagerung

Für die grundsätzliche Anwendung aller Systeme sind die Anforderungen aus der Belastung durch die jeweilige Nutzung und die bauphysikalischen Gesichts-punkte des Wärme-, Schall- und Brandschutzes zu berücksichtigen.

Unterflurkanäle

140|2|7|1

Die Kanäle bestehen aus Blech oder Kunststoff und werden von estrichbündig an der Oberfläche liegend als offenes System bis zu verdeckt in der Ausgleichsschüttung als geschlossenes System geführt und münden in entsprechenden Bodendosen. Der Vorteil der einfachen Bauweise ist mit dem Nachteil der festgelegten Installationsführung und der Lage der Bodenauslässe abzuwiegen. Unterflurkanäle sind sowohl in Verbundestrichen wie auch in Gleitestrichen und schwimmenden Estrichen möglich, wobei immer auf den funktionsgerechten Anschluss, abhängig vom Bewegungserfordernis des Estrichs, an den Bodenkanal zu achten ist.

Abbildung 140|2-07: Unterflurkanalsysteme

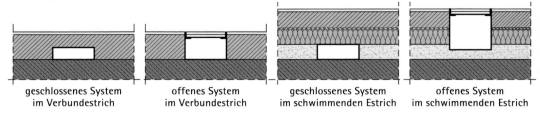

| geschlossenes System im Verbundestrich | offenes System im Verbundestrich | geschlossenes System im schwimmenden Estrich | offenes System im schwimmenden Estrich |

Hohlraumböden

140|2|7|2

Hohlraumböden bieten einen vollflächigen Hohlraum im Bodenbereich und sind über Bodenauslässe zugängig. Der Hohlraum kann dabei über eine monolithische Bauweise bei der Estrichherstellung oder eine mehrschichtige Bauweise durch ein Stützenfußsystem und entsprechende Überdeckung gebildet werden.

Die Verlegung der Leitungen ist im Hohlraum variabel, der gesamte Boden kann aber nicht geöffnet werden. Durch die Wahl der einzelnen Schichten sind die Anforderungen an den Wärme- und Schallschutz erfüllbar. Als Estrich über der Tragschichte des Hohlraumbodens sind Nassestriche und Trockenestriche möglich, wobei bei der Trockenbauweise die Tragschichte gleich einen Teil des Estrichs bildet.

Abbildung 140|2-08: Hohlraumbodensysteme

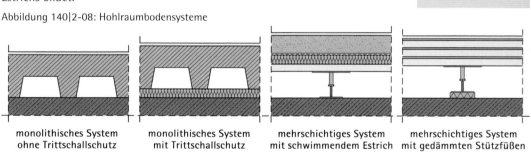

| monolithisches System ohne Trittschallschutz | monolithisches System mit Trittschallschutz | mehrschichtiges System mit schwimmendem Estrich | mehrschichtiges System mit gedämmten Stützfüßen |

Installationsböden

140|2|7|3

Ein Installationsboden, auch als Doppelboden oder Element-Hohlboden bezeichnet, ist ein aufgeständertes Bodensystem, das aus elementierten und vorgefertigten Bodenplatten und in der Höhe justierbaren Stützen besteht. Auf den Bodenplatten wird in der Regel nur mehr der Bodenbelag, ebenfalls in vorgefertigten Elementen, verlegt. Der gesamte Boden kann zur Verlegung von Leitungen vollständig geöffnet werden und die Bodenauslässe sind beliebig versetzbar. Der Boden zeichnet sich damit durch eine hohe Flexibilität aus. Installationsböden können auch für die Raumklimatisierung genutzt werden.

Die Doppelbodenplatten können aus Holzwerkstoffen (Rastermaße 600×600 mm bei 38 mm Plattendicke), faserverstärkten Mineralstoffen (Gipsplatten, Calciumsilikatplatten), Metallwannen mit Füllungen oder Stahl- und Aluminiumblechen bestehen. Zur Lagerung der Platten stehen höhenverstellbare Metallstützen für eine Punktlagerung oder eingehängte Metallprofile (C-Profile) für eine Linienlagerung der Platten zur Verfügung.

Die Anforderungen an die Trittschalldämmung werden durch eine Kombination aus einem möglichst günstigen Verbesserungsmaß durch den Bodenbelag, einer hohen Dichte der Doppelbodenplatte sowie einer schalldämpfenden Stützenkopfauflage erreicht. Ergänzend ist auch noch die Fugendichtigkeit zwischen den einzelnen Platten von Einfluss auf die schallmindernde Wirkung.

Abbildung 140|2-09: Installationsbodensysteme

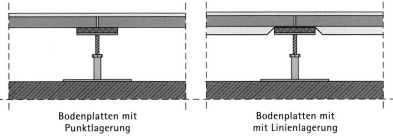

Bodenplatten mit Punktlagerung

Bodenplatten mit mit Linienlagerung

Fugen

Fugen in den Bodenbelägen werden naturgemäß bei Belagswechsel ausgebildet. Solche Fugen können, müssen aber nicht in einem darunterliegenden Estrich ausgebildet sein. Umgekehrt ist es natürlich erforderlich, Fugen aus dem Estrich auch in fest verklebten Bodenbelägen auszubilden. Beläge ohne Verbund können jedoch ungehindert fugenfrei ausgebildet werden. Ebenfalls leicht nachzuvollziehen ist, dass Bauteilfugen, also Fugen, die Setzungen oder Dehnungen zwischen Bau- oder Gebäudeteilen zulassen, im Estrich und dann folgend auch im Bodenbelag auszubilden sind. In diesem Fall ist es sogar empfehlenswert, die Fugen auch in darüber frei verlegten oder schwimmenden Belägen durchzubilden. Bauteilfugen, die eine Bewegung zulassen, sind entweder durch Einlage einer weichen Dämmplatte frei zu stellen oder besser überhaupt leer zu halten, wenn nicht schall- oder wärmetechnische Anforderungen das Füllen notwendig machen.

Randfugen – das sind immer Estrich- oder Belagsfugen – müssen aus Gründen des Trittschallschutzes bei starren Belägen immer freigehalten oder elastisch geschlossen werden.

Befinden sich Bauteilfugen in sichtbaren Bereichen, werden diese entweder mit einer dauerelastischen Füllung versehen oder es ist ein Fugenprofil einzubauen. Entscheidend für die jeweilige Variante ist die Art und Größe der erwarteten Bewegung. Elastische Verfüllungen sind bei immer wiederkehrenden Bewegungen keine dauerhafte Lösung.

Fugen sind nicht nur bei Belagswechsel erforderlich, sondern auch bei Dehn- und Bewegungsfugen in Estrich oder Konstruktion.

Beispiel 140|2-07: Standardfugenprofile

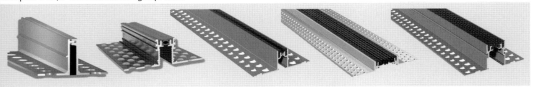

Bei Fugenprofilen zur Einlage in Beton und Estriche wird in Standard-Fugenprofile und Schwerlastprofile unterschieden. Wasserdichte Profile sind eine eigene Klasse und werden hauptsächlich für Garagenbauten verwendet. Fugenprofile bestehen immer aus zwei Profilteilen, zumeist in Winkelform, aus

Aluminium oder Edelstahl mit einer dazwischenliegenden Fugenüberbrückung z. B. aus PVC oder EPDM. Schwerlastprofile werden in stark genutzten Bereichen wie Messehallen, Einkaufszentren oder Verkehrsbeuten eingesetzt, bei Verwendung von Verbundestrichen und hohen Raddrücken werden flache Edelstahlkonstruktionen bevorzugt.

Beispiel 140|2-08: Schwerlastfugenprofile

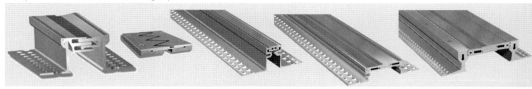

Bei wasserdichten Profilen muss ein Anbindeflansch für die Flächenabdichtung vorhanden sein oder aber es ist zur Anbindung einer Beschichtung ein Versetzen in ein Epoxidharzmörtelbett notwendig. Wasserdichte Profile müssen an den senkrechten Flächen hochgezogen werden und sind bei den Profilstößen dicht zu verschweißen. Wichtig ist immer, die Dichtungsebenen fehlerfrei zu verbinden und eine Wasserhinterwanderung zu vermeiden.

Beispiel 140|2-09: Fugenprofile in wasserdichter Ausführung

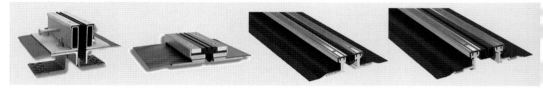

Bild 140|2-01

Bild 140|2-02

Trockenestrich – Polsterhölzer auf elastischer Unterlage
Aufbau Trockenestrich mit Dämmung zwischen Polsterhölzern

Bild 140|2-01
Bild 140|2-02

Bild 140|2-03

Bild 140|2-04

Bild 140|2-05

Herstellung Trockenestrich auf Polsterhölzern

Bilder 140|2-03 bis 05

Bild 140|2-06

Bild 140|2-07

Bild 140|2-08

Einbringung und Verdichtung Zementestrich

Bilder 140|2-06 bis 08

Bild 140|2-09

Bild 140|2-10

Zementestrich nach der Herstellung

Bild 140|2-09 und 10

Bild 140|2-11	Bild 140|2-12	Bild 140|2-13

Leitungsverlegung – gebundene Ausgleichsschüttung – Dämmung und Randstreifen	Bilder 140|2-11 bis 13

Bild 140|2-14	Bild 140|2-15	Bild 140|2-16

 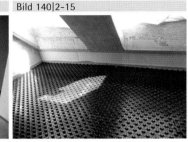 

Abdeckfolie – Matte Fußbodenheizung – Leitungsverlegung Fußbodenheizung	Bilder 140|2-14 bis 16

Bild 140|2-17	Bild 140|2-18

Einbringung Fließestrich bei Fußbodenheizung fertiggestellter Fließestrich	Bild 140|2-17 Bild 140|2-18

Bild 140|2-19	Bild 140|2-20

 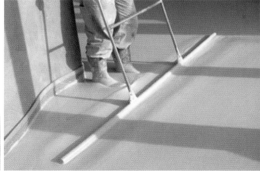

Einbringen und Abziehen Fließestrich	Bilder 140|2-19 und 20

Bild 140|2-21 Bild 140|2-22 Bild 140|2-23

Einbau Abdichtung und Folien

Bilder 140|2-21 bis 23

Bild 140|2-24 Bild 140|2-25 Bild 140|2-26

Verlegung Dämmstoffe

Bilder 140|2-24 bis 26

Bild 140|2-27 Bild 140|2-28

Fußbodenheizung – Nassverlegung

Bilder 140|2-28 und 29

Bild 140|2-29 Bild 140|2-30

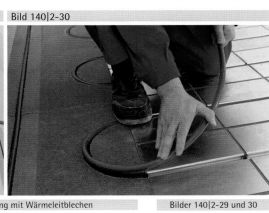

Trockenbau-Fußbodenheizung (©Quick Tec GmbH) und Trockenverlegung mit Wärmeleitblechen

Bilder 140|2-29 und 30

Bild 140|2-31

Bild 140|2-32

Systemböden mit Punktlagerung der Bodenplatten

Bilder 140|2-31 und 32

Bild 140|2-33

Bild 140|2-34

Bild 140|2-35

Verlegen eines Systembodens mit textilem Belag

Bilder 140|2-33 bis 35

Bild 140|2-36

Bild 140|2-37

Bild 140|2-38

Estrichdehnfugen

©SCHLÜTER-SYSTEMS, ©BLANKE

Bilder 140|2-36 bis 38

Bild 140|2-39

Bild 140|2-40

Bild 140|2-41

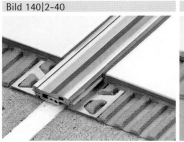
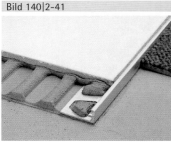

Dehnfugenprofile im Belag
Fugenprofil für Belagstrennung

©SCHLÜTER-SYSTEMS
©SCHLÜTER-SYSTEMS

Bilder 140|2-39 und 40
Bild 140|2-41

Bodenbeläge

Bodenbeläge sind der sichtbare Teil der Fußbodenkonstruktion, der aus den unterschiedlichsten Materialien bestehen kann und an den die vielfältigsten Anforderungen gestellt werden. Je nach Einsatzgebiet ergeben sich optimale Materialkombinationen für die Fußbodenkonstruktion und den Belag. Aufgrund der Vielzahl von Materialien ist keine verbindliche Einteilung der Fußbodenbeläge möglich, in der Regel können jedoch nach dem Material nachfolgende Gruppen unterschieden werden:
- Natursteinbeläge
- Kunststeinbeläge (z. B. zementgebunden, bitumengebunden)
- keramische Beläge (Fliesen und Platten)
- Holzfußböden
- elastische Beläge (ein- oder mehrschichtige Bahnen, Platten)
- textile Beläge
- Beschichtungen

Je nach dem Anwendungsgebiet ergeben sich dabei Anforderungen an:
- Gleitsicherheit, Trittsicherheit
- Verschleißfestigkeit, Eindrückfestigkeit
- Trittschalldämmung, Schallschluckvermögen
- Wärmedämmung, Fußwärme
- Brennbarkeit, Qualmbildung, Toxizität
- elektrostatisches Verhalten
- Reinigung und Pflege
- raumgestalterische Aspekte

Eine weitere Gliederungsmöglichkeit für Fußbodenbeläge besteht auch in der Gruppierung in fugenzeigende und fugenlose Beläge.

Allgemeine Anforderungen

Bodenbelag und Unterbau sind immer als eine Einheit zu betrachten, da Böden oft schwere Lasten in die Tragstruktur ableiten müssen und Fehler im Unterbau sich sehr oft auf dem Bodenbelag abzeichnen. Von jedem Bodenbelag wird erwartet, dass er dauerhaft, pflegeleicht und, wenn in repräsentativen Bereichen verlegt, auch „schön" ist. Auch die Kostenseite ist in der Regel nicht unmaßgeblich. Oft sind die Anforderungen auch widersprüchlich. So sind glatte Böden pflegeleicht, jedoch oft rutschig und sensibel auf Zerstörungen der Oberfläche beispielsweise durch Kratzer. Harte Böden sind widerstandfähig gegen Rollreibung, sie sind aber oft spröde und brechen bei Stoßbeanspruchung örtlich aus.

Um die Aspekte der Dauerhaftigkeit einschätzen zu können, sind deshalb vorab die Anforderungen und möglichen Beanspruchungen genau zu erheben. Oft sind nicht die Regelbeanspruchungen, sondern die Ausnahmefälle kritisch für eine Schädigung. Und oft ist die Schädigung am Bodenbelag auch die Folge eines unpassenden Unterbaues. Schadensbehebungen sind nicht nur teuer, sondern stören den Betrieb maßgeblich, da Überbeanspruchungen praktisch immer in den wesentlichen Verkehrsbereichen auftreten. Schäden an den Belägen entstehen auch oft aus einer Fehleinschätzung der Feuchteverhältnisse und lassen sich nachträglich nur sehr schwer korrigieren.

Planung

Die Planung im Sinne einer Festlegung von Belägen erfolgt primär im Zuge der Gebäudeplanung. Eine Detailplanung betrifft dann immer die gestalterische Komponente wie die Belagswechsel oder das Fugenbild in Form von Verlege- und Detailplänen.

Untergrund für Verlegung

Vor dem Verlegen von Belägen sind die folgenden Kriterien zu überprüfen. Generell ist die Prüfung des Untergrundes eine Vorleistung des Bodenlegers und im Detail den jeweiligen Werksvertragsnormen zu entnehmen.

- Stabilität und Festigkeit des Untergrundes
  Der Untergrund darf sich nicht zu stark durchbiegen oder schwingen. Die Oberfläche muss ausreichend fest sein – Gitterritzprobe bei Estrichen.

- Ebenheit
  Die Anforderungen aus dem Leistungsvertrag oder der Toleranzen-Norm ÖNORM DIN 18202 [109] müssen eingehalten werden.

- richtige Höhenlage
  Der Untergrund muss die Einhaltung der Fertighöhen laut Plan und dem Waagriss ermöglichen.

- geringer Feuchtegehalt
  Der Untergrund muss ausreichend trocken sein.

Der Untergrund muss stabil, eben und ausreichend trocken sein.

Weitere Kriterien für den Untergrund sind schon in der Planung zu berücksichtigen.

- – Feuchtigkeitsbeständigkeit
- – gleichmäßige Wärmeverteilung
- – gute schalltechnische Eigenschaften (hier sind massive Estriche vorteilhaft)
- – geringes Gewicht
- – rasche Belegereife (hier sind Holzkonstruktionen oder auch Trockenestriche auf Leichtschüttungen zu bevorzugen)

Der Unterbau unter den Bodenbelägen ist in den meisten Fällen ein massiver Estrich als Zwischenschicht zur Tragkonstruktion oder aber ein dünnerer Trockenestrich bzw. eine leichte Holzunterkonstruktion (140|3|5|3). Natürlich kann auch ein massiver Unterbeton als Belagsunterbau dienen. Bei Betonplatten oder Betonböden sind ergänzend nachfolgende Gegebenheiten zu beachten:

- Sehr lange andauerndes Schwinden.
- Langsamere Austrocknung als bei Zementestrichen wegen größerer Dicke und dichterem Gefüges. Eine weitgehende Austrocknung kann mehrere Jahre dauern.
- Die Oberfläche ist in der Regel durch Fräsen oder Kugelstrahlen vorzubehandeln.
- Ständiger Feuchtetransport durch die Betonplatte bei Erdkontakt.

Ein wesentliches Kriterium bei der Verlegung ist die Bestimmung des Feuchtigkeitsgehaltes des Untergrundes zur Bestimmung der Belegreife durch den Bodenleger. Als Standardprüfmethode für schwimmend bzw. gleitend verlegte Estriche im Innenbereich auf Zement- oder Calciumsulfatbasis ist die

Bestimmung der Estrichfeuchtigkeit mittels der CM-Methode definiert (siehe 140|1|2|5). Da die Prüfung nach der CM-Methode handhabungsbedingt eine relativ große Messunsicherheit aufweist, wurde vom ständigen Sachverständigenausschuss der Bundesinnung der Bodenleger eine technische Regel zur Prüfungsdurchführung („RICHTLINIE zur Bestimmung der Feuchtigkeit von Estrichen nach der Calciumcarbid-Methode (CM-Methode) – Empfehlung des ständigen Sachverständigen-Ausschusses der Bundesberufsgruppe der Bodenleger" [59]) erarbeitet. Diese basiert auf den Bestimmungen der ÖNORMen B 2236 [82] und B 2218 [80], zu beachten sind auch die Planungs- und Ausführungsrichtlinien für Fließestriche in der jeweils gültigen Fassung.

Bestimmung der Feuchtigkeit von Estrichen nach der Calciumcarbid-Methode.

- Bei der CM-Messung ist die Estrichplatte bis zur PE-Folie durchzustemmen, das Estrichgut ist immer aus der unteren Hälfte des Estrichs zu entnehmen.

- Oftmals werden bei Zementestrichen nur 20 g Estrichgut eingewogen. In ÖNORM B 3732 [101] wird jedoch konkret 50 g Estricheinwaage verlangt, um Analysefehler zu verringern. Bei Calciumsulfat-Fließestrichen sollten immer 100 g Estrichgut eingewogen werden.

- Bei Standardestrich ist mindestens eine Feuchtigkeitsmessung in jeder Etage, je angefangener 300 m² Estrichfläche zu nehmen. Die Entnahmestellen müssen dabei vorausgesucht werden.

- Bei beheizten Fußbodenkonstruktionen (Warmwasser-Fußbodenheizung) sind die Stellen für Probennahme vor Estrichherstellung festlegen – Leistung ÖBA. Die Probennahme (Stemmloch) muss bei der gekennzeichneten Stelle stattfinden, je Geschoß und angefangene 100 m² mindestens eine CM-Messung.

- Wesentlich ist die Funktionskontrolle des CM-Gerätes mindestens 1×jährlich (Dichtigkeit, Sauberkeit Druckfläche, Funktionstüchtigkeit Manometer) mit Prüfampullen mit 1,0 ml Wasser nach 15 Minuten 1,0 Bar (±5 % bei 18 – 20 °C).

Natursteinbeläge

Natursteine sind in der Regel hart und frostsicher und können für Bereiche mit höherer mechanischer Beanspruchung, aber ohne Anforderungen an die Fußwärme eingesetzt werden. In Wohnbereichen werden Natursteinböden oft in Kombination mit Fußbodenheizungen verwendet. Die Oberflächengestaltung reicht von bruchrau, sägerau, sandgestrahlt, geflämmt, geschliffen bis poliert, wobei die rauen Oberflächen bis sägerau vorzüglich für Außenflächen eingesetzt werden.

Natursteine werden in Plattenform im Mörtelbett oder in Außenbereichen im Splittbett sowie als Steinpflaster verlegt. Eine gute Wasserableitung wird durch ein Drainmörtelbett erzielt.

Kalibrierte Natursteinfliesen können auch mit Natursteinklebemörtel auf einem planen, tragfähigem Untergrund im Dünnbett verklebt werden. Bahnenware ist in der Regel 12 bis 20 mm stark, Fliesenformate bis 120×120 cm selbst sind ca. 10 bis 15 mm stark. Sie sind unbrennbar und pflegeleicht, neigen jedoch bei Nässe zum Rutschen. Große, aus dem Block geschnittene Platten – sogenannte Unmaßplatten – bilden die Basis der dann kalibrierten Fliesen.

Granit, Gneis, Syenit, Porphyr, Diabas, Basalt, Kalkstein, Marmor, Muschelkalk, Travertin, Konglomerate und Sandstein.

Übliche Steinsorten sind: Granit, Gneis, Syenit, Porphyr, Diabas, Basalt, Kalkstein, Marmor, Muschelkalk, Travertin, Konglomerate und Sandstein.

Tabelle 140|3-01: Richtwerte für Naturstein – ÖNORM B 3113 [98]

Gesteinsart	Rohdichte [t/m³ = Mg/m³]	Druckfestigkeit [N/mm² = MPa]	Biegezugfestigkeit [N/mm² = MPa]	thermische Dehnung [mm/m bei Δ100 °C]	Abrieb nach Böhme [cm³/50 cm²]
Granit, Syenit	2,60 –2,80	120 – 250	10 – 20	0,5 – 0,9	5 – 8
Diorit, Gabbro	2,80 –3,00	170 – 300	10 – 25	0,4 – 0,7	5 – 8
Diabas	2,80 –3,00	170 – 300	10 – 25	0,3 – 0,6	5 – 8
Porphyr	2,60 – 2,80	180 – 300	15 – 26	0,3 – 0,8	5 – 8
dichte Kalke	2,60 – 2,80	80 – 190/200	6 – 16	0,3 – 0,6	15 – 40
Marmor	2,60 – 2,80	80 – 190/200	6 – 16	0,3 – 0,8	15 – 40
Kalksandstein	1,70 – 2,60	20 – 80	4 – 15	0,4 – 0,6	15 – 40
Konglomerat	1,70 – 2,60	20 – 80	4 – 15	0,3 – 0,9	15 – 40
Quarzsandstein	2,00 – 2,60	30 – 200	3 – 19	0,2 – 1,0	10 – 14
Travertin	2,40 – 2,50	20 – 60	4 – 10	0,2 – 0,7	–
Gneis	2,60 – 3,00	160 – 280	8 – 22	0,5 – 0,8	4 – 20
Quarzit	2,60 – 2,70	150 – 300	13 – 25	0,5 – 1,1	7 – 8
Serpentinit	2,60 – 2,80	110 – 210	9 – 18	0,5 – 0,9	8 – 18

Um für die jeweilige Anwendung auch die richtigen Verlegemörtel zu wählen sind in der ÖNORM B 3113 [98] vier Mörtelgruppen und deren Einsatzbereiche definiert, wobei bei der Bodenverlegung hauptsächlich Mörtel der Gruppen II und III zur Ausführung kommen.

Tabelle 140|3-02: Mörtelgruppen und deren Verwendung – ÖNORM B 3113 [98]

Mörtelgruppe	Mindestdruckfestigkeit nach 28 Tagen [N/mm²]
I	1,2
II	4
III	8
IV	16

Verwendung für	Mörtelgruppe
Mauerwerk, je nach Gesteinsart und geforderter Festigkeit	I – II
Bodenbeläge, Stufen u. dgl. im Freien	III
Hintermörtel Wandverkleidung	I – II
Bodenbeläge, Stufen u. dgl. im Innenraum	II – III
Ankerdornlöcher	IV

Anwendung, Abmessungen

140|3|2|1

Eine Anwendung für Innenbereiche findet sich in Gängen und Repräsentationszonen von Shopping-Malls, Foyers und Gängen von Verwaltungsbauten, Hotels und Konzerthallen sowie in Funktionsbauten mit großer Besucherfrequenz wie Bahnhöfe, Passagen oder Sporthallen, aber auch in Wohnbereichen und Nassräumen.

Tabelle 140|3-03: Bodenbeläge aus Natur- und Kunststein im Außenbereich – ÖNORM B 3113 [98]

Untergrund	Bettungsmaterial	Verlegung Anforderungen an das Bettungsmaterial Mindestdicke der Bettung befahrbar bis 3,5 t	nicht befahrbar	Belagsplatten aus Naturstein oder Kunststein Anforderungen an die Belagsplatten Mindestdicke der Belagsplatten befahrbar bis 3,5 t	nicht befahrbar	Belagsfugen Fugenmaterial Mindestbreite [3]
tragfähiger Untergrund, Gefälleestrich Feuchtigkeitsabdichtung Mindestgefälle 2 %	Mörtel	Mörtelgruppe III, Einkornmörtel, Drainage (Matte oder Ähnliches)		–		Mörtel oder Fertigmörtel
		4 cm	2 cm	4 cm	2 cm	4 mm
	Klebermörtel	Mörtel- oder Dickbett, Floating, Buttering, Floating-Buttering		–		Mörtel oder Fertigmörtel
		≥0,5 cm – 2,0 cm [1], ≥2,0 cm – 4,0 cm [2]		4 cm	1 cm	4 mm
	Splittbett	grobe Gesteinskörnungen gemäß ÖNORM EN 13242				feine Gesteinskörnungen gemäß ÖNORM EN 13242
		–	5 cm	–	3 cm	8 mm
	Plattenlager	–		–		keines (offene Fuge)
		–	1 cm	–	3 cm	5 mm

1) Mittelbettmörtel-Maximaldicke oder gemäß Angabe (technische Dokumentation) des Produktherstellers.
2) Dickbettmörtel-Maximaldicke oder gemäß Angabe (technische Dokumentation) des Produktherstellers.
3) Diese darf geringer ausfallen, sofern sie sich aus normgemäßen Maßtoleranzen der zu verlegenden Werkstücke ergibt.

Als Verlegeform wird zumeist eine Verlegung im Mörtelbett gewählt, in Außenzonen wie Fußgängerzonen und Plätzen, auf Terrassen und Treppenanlagen und im Wegebau oftmals als Pflasterung.

Die ÖNORM B 3113 [98] definiert in Abhängigkeit der Verlegung und der Nutzungsbeanspruchung sowohl die Mindestdicken der Steinplatten wie auch die Mindestabmessungen der Fugen.

Tabelle 140|3-04: Bodenbeläge aus Natur- und Kunststein im Innenbereich – ÖNORM B 7213 [106]

Untergrund	Verlegung			Belagsplatten aus Naturstein oder Kunststein		Belagsfugen
	Mörtelart	Anforderungen an das Bettungsmaterial		Anforderungen an die Belagsplatten		Fugenmaterial
		Mindestdicke der Bettung		Mindestdicke der Belagsplatten		Mindestbreite [1]
		befahrbar	nicht befahrbar	befahrbar	nicht befahrbar	
Verlegung auf tragfähigem Untergrund (Unterlagsbeton, Estrich oder Heizestrich)	Mörtel	Mörtelgruppe III		–		Mörtel oder Fertigmörtel
		4 cm	2 cm [2]	4 cm	2 cm	2 mm
	Klebermörtel	Dünnbett, Floating, Buttering, Floating-Buttering		–		Mörtel oder Fertigmörtel
		≤0,5 cm [3]		–	0,7 cm	2 mm
		Mittelbett, Floating, Buttering, Floating-Buttering		–		Mörtel oder Fertigmörtel
		≥0,5 cm – 2,0 cm [4]		–	1 cm	2 mm

1) Diese darf geringer ausfallen, sofern sich aus normgemäßen Maßtoleranzen der zu verlegenden Werkstücke ergibt.
2) Mindestdicke von Drainagemörtel 4 cm.
3) Dickbettmörtel-Maximaldicke oder gemäß Angabe (technische Dokumentation) des Produktherstellers.
4) Mittelbettmörtel-Maximaldicke oder gemäß Angabe (technische Dokumentation) des Produktherstellers.

Verlegung

Für die Verlegung von Bodenplatten sind in der ÖNORM B 3113 [98] sowohl allgemeine Anforderungen wie auch speziell für den Innen- und Außenbereich bzw. hinsichtlich der Verlegeart enthalten. Eine Verlegung kann entweder auf starren Untergründen im Mörtelbett oder lose verlegt im Kiesbett sowie als gestelzter Bodenbelag erfolgen (siehe Band 9: Flachdach [10]).

Verlegung von Naturstein auf starren Untergründen im Mörtelbett, lose im Kiesbett oder als gestelzter Bodenbelag.

- Bei Verlegung im Klebe- oder Mörtelbett sind sämtliche Untergründe von Mörtel- und Gipsresten sorgfältig zu reinigen und staubfrei zu machen. Für Bodenbeläge im Außenbereich ist frostbeständiges Material zu verwenden.

- Wenn kein Verlegeplan vorliegt, hat die Verlegung von Bodenplatten unter Zugrundelegung des geringsten Verschnittes zu erfolgen. Eine kraftschlüssige Einspannung des Bodenbelages zwischen angrenzenden Bauteilen ist durch geeignete Maßnahmen (z. B. durch Einlegen von Randstreifen) zu vermeiden.

- Bodenbeläge dürfen unter +5 °C nicht im Mörtelbett verlegt werden. Das direkte Verlegen auf zusammendrückbare Wärme- und Schall-dämmschichten ist nicht zulässig. Dämmschichten müssen unbe-schädigt sein und vollflächig aufliegen. Auf bituminöse Feuchtigkeits-abdichtungen sowie Wärme- und Schalldämmschichten ist eine Trennschicht zu verlegen.

- Bei einer Verlegung auf Fußbodenheizung (ohne Estrich) ist eine Mörteldicke von mindestens 6,5 cm über dem Scheitel der Heizungs-rohre erforderlich.

- Bodenbeläge sind vollflächig zu verlegen, wobei mindestens eine 65 % Kontaktfläche sicherzustellen ist. Drainagesysteme sind nach Hersteller-angaben anzuwenden.

- Bei Bodenbelägen im Außenbereich im Mörtel- oder Kleberbett gilt ergänzend, dass Taumittel-Beständigkeit nicht mit Mörtel oder Klebern auf Zementbasis erreicht werden kann. Das Mindestgefälle des Bodenbelages darf 2 % nicht unterschreiten, die Rauigkeit der Oberfläche ist dabei zu berücksichtigen. Feuchtigkeitsabdichtungen dürfen im Bereich der Überlappung (mögliche Pfützenbildungen) ebenfalls das Mindestgefälle von 2 % nicht unterschreiten.

- Bei Bodenbelägen im Außenbereich im Kies- oder Splittbett gilt ergänzend, dass nur Platten mit einer Mindestbreite von 30 cm (ausgenommen Passplatten) zu verlegen sind.

- Bei Bodenbelägen im Außenbereich auf Plattenlagern ist sicherzustellen, dass jede Bodenplatte an den Eckpunkten durch feste Auflager aus geeigneten Werkstoffen (z. B. Gummi, Beton, Kunststoff) gestützt ist.

Abbildung 140|3-01: Verlegemuster von Natursteinböden

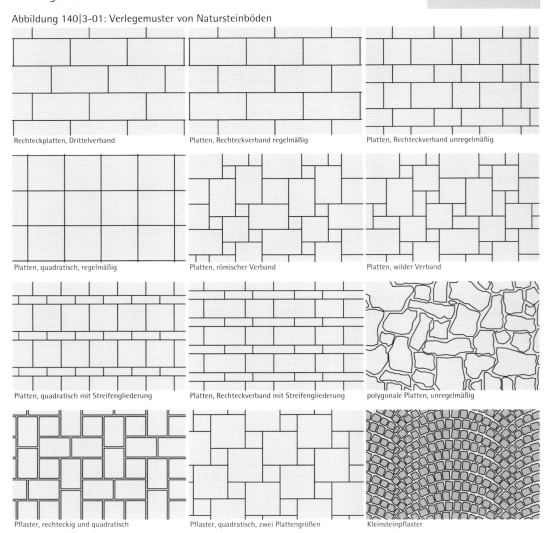

Rechteckplatten, Drittelverband

Platten, Rechteckverband regelmäßig

Platten, Rechteckverband unregelmäßig

Platten, quadratisch, regelmäßig

Platten, römischer Verband

Platten, wilder Verband

Platten, quadratisch mit Streifengliederung

Platten, Rechteckverband mit Streifengliederung

polygonale Platten, unregelmäßig

Pflaster, rechteckig und quadratisch

Pflaster, quadratisch, zwei Plattengrößen

Kleinsteinpflaster

Steinplatten im Freien sollten idealerweise nicht im Kleberbett verlegt werden, hier empfiehlt sich jedenfalls ab einem Plattenmaß von 40×40 cm eine Verlegung im Kiesbett, im Drainmörtel oder aber auf Stelzlagern, wobei ein darunter liegender Unterbeton zur dauerhaften Lagestabilität vorteilhaft ist. Wenn jedoch Steinfliesen verklebt werden müssen, dann ist unter dem Kleberbett eine Verbundabdichtung herzustellen und auch eine Drainagematte zu empfehlen.

Auch für das Verlegen von Natursteinen ist ein vorbehandelter Untergrund, nicht kreidend oder sandend und nur gering saugend, aber saugfähig sowie mit ausreichender Haftzugfestigkeit erforderlich. Vorhandene Bodenunebenheiten müssen bei der Verklebung von Natursteinplatten vor dem Verlegen ausgeglichen werden. Abhängig vom Haftgrund (Haftvermittler) kann das Auftragen einer Ausgleichsspachtelung „nass in nass" sinnvoll sein. Selbstnivellierende Verlaufspachtelungen gewährleisten ebenflächige Oberflächen.

Viele Steinplatten können leicht verfärben, deswegen müssen beim Verlegen Verunreinigungen und eine längere, luftundurchlässige Abdeckung des verlegten Natursteinbelags bis zu seiner endgültigen Austrocknung vermieden werden.

Verlegung im Mörtelbett (Dickbett)

Hier ist die Ebenflächigkeit des Untergrundes untergeordnet, eine entsprechende Wasserableitung ist hingegen bedeutsam (Gefälle ≥2 %), da es sonst auch noch nach Jahren zu Ausblühungen in den Fugen und Plattenrändern kommen kann.

Verlegung mit Klebemörtel (Dünn- oder Mittelbett)

Bei der Verlegung ist darauf zu achten, dass möglichst wenig Wasser verwendet wird. Des Weiteren sollten unbedingt Natursteinkleber für verfärbungsempfindliche Natursteine eingesetzt werden, wobei die Herstellerhinweise zu beachten sind. Bei Materialien mit einem geringen Porenvolumen wie z. B. Schiefer oder rückseitig mit Netzen versehenen Natursteinen sind kunststoffvergütete Kleber zu empfehlen. Die Haftung an dichten Steinoberflächen kann zusätzlich durch Zugabe von Additiven erhöht werden.

Bei durchscheinenden Fliesen (z. B. Marmorfliesen) ist zu verhindern, dass sich das Mörtelbett sichtbar durchzeichnet – deshalb ist auf jeden Fall ein vollflächig aufgetragener weißer Kleber zu verwenden.

Natursteine sind mehr oder weniger porös. Durch diese Kapillaren können gelöste Farbstoffe in die Natursteinoberfläche eindringen und zu Verfärbungen führen. Deshalb sollten Natursteinoberflächen nach der Verlegung stets durch eine diffusionsfähige Imprägnierung vor eindringenden und verfärbenden Flüssigkeiten geschützt werden. Imprägnierungen dürfen jedoch erst nach der vollständigen Austrocknung des verlegten Natursteinbodens erfolgen.

Natursteinoberflächen müssen nach der Verlegung durch eine diffusionsfähige Imprägnierung vor verfärbenden Flüssigkeiten geschützt werden.

Verlegung im Splittbett

Für Beläge im Außenbereich werden die Pflastersteine oder Platten in einem Splittbett auf einem befestigten Unterbau verlegt und auch die Fugen mit Feinsplitt verschlossen oder mit offenen Fugen eng verlegt.

Gestelzte Bodenbeläge

Natursteinplatten mit einer Mindestdicke von 3 cm werden auf Stelzlager aus Kunststoff, Gummi oder Mörtel an den Plattenecken gelagert. Die Unterkonstruktion muss dabei die Punktlasten aus der Plattenlagerung aufnehmen können. Für größere Platten ist ergänzend eine mittige Unterstützung vorzusehen.

Abbildung 140|3-02: Verlegung von Natursteinböden

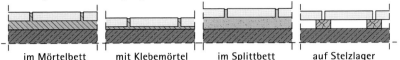

| im Mörtelbett | mit Klebemörtel | im Splittbett | auf Stelzlager |

Hinsichtlich der technischen Anforderungen an die Ausführung sind in der ÖNORM B 2213 [79] zulässige Maßabweichungen von Werkstücken für die sichtbare Dicke aneinander stoßender Werkstücke (Tabelle 140|3-05) und auch in Abhängigkeit von der Bearbeitungsgruppe Ebenheitstoleranzen bezogen auf die ÖNORM DIN 18202 [109] angeführt (Tabelle 140|3-06).

Tabelle 140|3-05: zulässige Maßabweichungen der sichtbaren Dicke von Werkstücken – ÖNORM B 2213 [79]

Plattendicke	Toleranz
bis 4 cm	0,5 mm
über 4 cm bis 8 cm	1,0 mm
über 8 cm	2,0 mm

Tabelle 140|3-06: Ebenheitstoleranzen, Bearbeitungsgruppen und Messpunktabstände – ÖNORM B 2213 [79]

	Bearbeitungsgruppe	Stichmaße als Grenzwerte in mm bei Messpunktabständen in m				
		bis 0,1	bis 1	bis 4	bis 10	über 10
A	poliert, fein geschliffen, grob geschliffen	1	3	9	12	15
B	gefräst, gesägt (Diamant), gemasert, gesandelt, gebürstet, geflammt	2	3	10	12	15
C	gesägt (Stahlsand), scharriert, gebillt, fein gestockt, gehobelt	3	4	10	12	15
D	mittel und grob gestockt, bruchrau gut spaltbar	5	8	15	15	15
E	feingespitzt	6	10	15	15	15
F	mittel bis groß gespritzt, gekrönelt	10	15	20	20	20
G	bossiert	nach Verwendungszeck und Stoff gemäß Leistungsbeschreibung				

Kunststeinbeläge

140|3|3

Kunststeinplatten werden aus Zement, abgestuften Sanden und gegebenenfalls Sichtkörnungen geformt. Platten mit speziellen Oberflächen werden in zwei Schichten mit einer ≥10 mm dicken Oberschicht (Sichtschicht) und einer Unterschicht (Tragschicht) im Verbund gefertigt. Bekannt sind geschliffene Platten unter dem Begriff Terrazzoplatten. Auch Zementfliesen aus farbigen Marmorzementen für die Dekorschicht und Mörtel für die Tragschicht, unter hohem Druck gepresst und hydraulisch abgebunden, gehören zur Gruppe der Kunststeine. Heute werden Kunststeinplatten auch unter Verwendung von Kunstharz als Bindemittel hergestellt, diese Werkstoffe werden aber vor allem für Dekorplatten und Treppenbeläge verwendet.

Anwendung und Verlegung

140|3|3|1

Kunststeinbeläge werden oft im Wohnbau in Eingangs- und Gangbereichen, aber auch für Terrassen und auf Außenflächen eingesetzt. Die Verlegung erfolgt auf gleiche Weise und in gleichen Verbänden wie die der Natursteinplatten (Mörtelbett oder Splittbett). Beim Einsatz auf Terrassen können auch Stelzlager Anwendung finden (Abbildung 140|3-01).

Zementfliesen werden wie keramische Fliesen auf belegreifem Estrich mit Flexkleber verklebt, müssen jedoch wegen ihrer Offenporigkeit imprägniert und gewachst werden. Bei der Reinigung dürfen keine säurehaltigen Reinigungsmittel verwendet werden, die Behandlung ist ähnlich den Vorgaben bei Marmorfliesen. Das Verfugen muss unter Verwendung einer Fughilfe erfolgen, die Oberflächen sind dabei sauber zu halten um dauerhafte Verfleckungen zu vermeiden.

Terrazzoplatten müssen ebenfalls mit geeignetem Kleber verlegt werden und sind zu versiegeln. Bei stärkerer Nassbelastung wird Feuchtigkeit aufgenommen und es besteht die Gefahr des Aufschüsselns.

Platten

140|3|3|2

Kunststeinplatten sind in der Regel unbewehrt und besitzen eine Dicke von rund 1/10 der größeren Längenabmessung. Im Gegensatz zu Kunststeinplatte sind Betonwerksteinplatten nur einschichtig gefertigt. Grundsätzlich sind diese Platten aber auch „Kunststeine" und weisen heute attraktiv strukturierte Oberflächen und Farben auf.

Einkornbetonplatten
Einschichtig in verschiedenen Farben und Formaten.

Strukturbetonplatten
Einschichtig mit verschiedenen Oberflächen, betongrau oder in Erdfarben, Format vorzugsweise 50×50×5 cm.

Waschbetonplatten
Zweischichtig mit Vorsatzkörnung als Rundkorn oder gebrochenem Korn. Unterschiedliche Farben durch Vorsatzkörnung. Formate vorzugsweise 50×50×5 cm, aber auch 25×50×5 cm bis 75×50×6 cm.

Kunst-Travertinplatten
Zweischichtig mit Vorsatzbeton aus Weißzement in strukturierter Oberfläche. Formate vorzugsweise 50×50×5 cm, aber auch 25×50×5 cm bis 75×50×6 cm.

Terrazzoplatten
Zweischichtig mit Vorsatzkörnung. Ausgesuchte Körnung und meist Weißzemente mit Farbbeigaben für Vorsatzbeton. Oberfläche geschliffen. Formate 20×20×2 cm bis 50×50×5 cm.

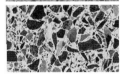

Palladianaplatten
Herstellung wie Terrazzoplatten, jedoch unter Verwendung größerer Natursteinbruchstücke im Vorsatzbeton. Verwendung von Weißzementen mit Farbbeigaben, Oberfläche geschliffen.

Terrazzo

140|3|3|3

Terrazzo Steinfußboden ist ein strapazierbarer Bodenbelag. Vor Ort trocken gemischt, mit Wasser und hydraulischem Bindemittel vermengt und auf den Boden verteilt wird er schon sehr lange Zeit verwendet. Er wird als „Ortsterrazzo" als Verbundkonstruktion gefertigt und besteht aus zwei Schichten, der Unterkonstruktion und dem Terrazzovorsatz (obere Schicht) in verschiedenen Farben und Materialien. Diese Sichtschicht besteht aus gebrochenen Gesteinskörnungen, Bindemittel (Zement, Gips oder Kunstharz) und unterschiedlichen Zuschlagstoffen (z. B. farbigen Pigmenten, Glas, Perlmutt, Metall).

Terrazzoböden sind im Prinzip Estriche (siehe 140|2|1) und können hinsichtlich ihrer Verlegung sowohl als Verbundestrich mit einer Mindestdicke des Unterbetons von 30 mm oder auf Trennschicht und schwimmend mit einer

Mindestdicke von 50 mm hergestellt werden. Als geringste Estrichgüte des Unterbetons ist C25 anzustreben.

Die Oberfläche des Bodens wird nach dem Erhärten geschliffen, poliert, imprägniert und gewachst. Sie kann auch „kristallisiert" werden, eine Standardmethode zum Polieren von Kalksteinen und Marmor. Es handelt sich dabei um ein Verfahren zur Härtung der Steinoberfläche durch die Reaktion einer säurehaltigen Lösung mit den im Stein enthaltenen Kalkverbindungen, wodurch hochglänzende Oberflächen erzielt werden.

Keramische Beläge

Keramische Fliesen und Platten – hier besteht kein normdefinierter Unterschied – werden für die unterschiedlichsten Ansprüche und Beanspruchungen angewandt. Sie sind pflegeleicht, unbrennbar, verschleißfest und in vielen Farben und Formen erhältlich. Keramische Fliesen sind dünne Platten aus Tonen oder anderen anorganischen Rohstoffen, die Herstellung erfolgt in der Regel durch Strang- oder Trockenpressen, Trocknen und Brennen mit entsprechender Temperatur. Nach der Art des Scherbens wird in zwei große Gruppen unterschieden.

Sintergut, Grob- und Feinsteinzeug
Beides hat eine nur geringe Wasseraufnahme, wobei Feinsteinzeug oder Porzellankeramik vollkommen dicht gepresst und gesintert ist, mit hoher Brenntemperatur zwischen 1200 und 1300 °C, mit einer Wasseraufnahme von höchstens 0,5 M-%.

Irdengut, Steingut, Tonware
Wird unterhalb der Sintergrenze von rund 1000 °C gebrannt und ist gut bearbeitbar, nimmt aber relativ leicht Wasser auf, ist nicht frostsicher und nur für Innenräume geeignet (Wasseraufnahme >10 M-%).

Keramische Fliesen und Platten lassen sich nach ÖNORM EN 14411 [122] einteilen in:

- **unglasierte Steinzeugplatten:** Feinkörniger, gesinterter Scherben mit geringer Wasseraufnahme, frostbeständig, in rutschhemmender Ausführung möglich und für rollende Belastung geeignet. Formate von 10×10 bis 30×30 cm in einer Mindestdicke von 7 mm (im Außenbereich 20 mm), Sonderformen und Mosaikplatten.

- **glasierte Steinzeugplatten:** Dichtgesinterter, frostbeständiger Scherben mit relativ dünner, durchsichtiger oder undurchsichtiger Glasur. Bei der Nutzung wird diese Glasur durch Schleifen und Kratzen beansprucht, was zu Gebrauchsspuren oder Glanzverlust führen kann, weshalb ein auf die Beanspruchung abgestimmter Widerstand der Oberflächen wichtig ist.

- **glasierte Steingutplatten (Fliesen):** Poröser Scherben mit durchsichtiger oder undurchsichtiger Glasur, nicht frostbeständig, Wasseraufnahme über 10 M-%, nur für geringe Beanspruchungen im Innenbereich (Beanspruchungsgruppen 1 bis 3).

Entsprechend der Verwendung können glasierte Fliesen und Platten in sechs, für Fußböden davon maßgeblich fünf Beanspruchungsgruppen entsprechend dem Widerstand gegen Verschleiß klassifiziert werden (sehr leichte, leichte, mittlere, stärkere bis höchste Beanspruchung). Die ÖNORM EN 14411 [122] enthält auch Symbole als Vorschlag für eine Kennzeichnung der einzelnen Produkte (Tabelle 140|3-08).

Glasierte Fliesen und Platten sind in Beanspruchungsgruppen entsprechend dem Widerstand gegen Verschleiß klassifiziert.

Tabelle 140|3-07: Klassifizierung glasierter Fliesen und Platten entsprechend ihrem Widerstand gegen Verschleiß –
ÖNORM EN 14411 [122]

Gruppe 0	Glasierte Fliesen und Platten dieser Klasse werden nicht zur Herstellung von Bodenbelägen empfohlen.
Gruppe 1	Bodenbeläge in Bereichen, die hauptsächlich mit Schuhen mit weicher Sohle oder barfuß ohne kratzende Verschmutzung begangen werden (z. B. Wohnbäder und Schlafzimmer ohne direkten Zugang von außen).
Gruppe 2	Bodenbeläge in Bereichen, die mit weich besohlten oder normalen Schuhen mit höchstens geringen Mengen kratzender Verschmutzung gelegentlich begangen werden (z. B. Räume in Wohnbereichen von Häusern, mit Ausnahme von Küchen, Eingängen und ähnlichen Räumen, die häufig begangen werden). Dies gilt nicht für Sonderfußbekleidung, z. B. Nagelschuhe.
Gruppe 3	Bodenbeläge in Bereichen, die mit normalen Schuhen häufig mit geringen Mengen kratzender Verschmutzung begangen werden (z. B. Wohnküchen, Flure, Korridore, Balkone, Loggien und Terrassen). Dies gilt nicht für Sonderfußbekleidung, z. B. Nagelschuhe.
Gruppe 4	Bodenbeläge, die bei regelmäßiger Nutzung mit geringen Mengen kratzender Verschmutzung begangen werden, sodass die Beanspruchungen stärker sind als bei Klasse 3 (z. B. gewerbliche Küchen, Hotels, Ausstellungs- und Verkaufsräume).
Gruppe 5	Bodenbeläge, die durch starken Fußgängerverkehr über lange Zeiträume mit geringen Mengen kratzender Verschmutzung beansprucht werden, sodass die Beanspruchungen die äußersten sind, unter denen glasierte Fliesen und Platten anwendbar sein können (z. B. öffentliche Bereiche wie Einkaufszentren, Eingangshallen auf Flughäfen, Hotelfoyers, öffentliche Fußwege und industrielle Anwendungen).

Tabelle 140|3-08: Symbole für Produktinformationen von Fliesen und Platten –
ÖNORM EN 14411 [122]

 Zur Herstellung von Bodenbelägen geeignete Fliese und Platte.

 Zur Herstellung von Wandbekleidungen geeignete Fliese und Platte.

4 Die Zahlen (siehe Beispiel) geben die Klassifizierung einer zur Herstellung von Bodenbelägen vorgesehenen glasierten Fliese und Platte entsprechend ihrem Widerstand gegen Verschleiß an.

 Symbol für eine frostbeständige Fliese und Platte.

Ergänzend zu den Fliesen und Platten zählen zu den keramischen Bodenerzeugnissen noch:

- **Spaltplatten:** Sie werden in einem Strang erzeugt, der dann entsprechend auf Länge und somit auch auf Breite geschnitten wird. Das Material hat eine geringere Wasseraufnahme und bei Naturoberflächen eine sehr hohe Abriebfestigkeit, ist aber nicht als frostsicher anzusehen. Spaltplatten sind durch ihre Produktion nicht so maßhaltig und müssen zum Ausgleich dieser Toleranzen mit breiter Fuge verlegt werden.

- **Pflasterklinker:** Pflasterklinker dienen zur architektonisch (optisch) ansprechenden Befestigung von Plätzen, Wegen, Fußgängerzonen, Fußgängerstreifen, im Gartenbereich und sonstigen Flächen, welche außer technischen auch ästhetischen Ansprüchen genügen sollen (140|3|4|3).

- **Cottoplatten:** Das Hauptmerkmal von Cottoplatten ist ihr natürliches Erscheinungsbild. Sie besitzen eine hohe Porosität und sind daher nicht frostsicher und in unbehandeltem Zustand sehr fleckempfindlich. Ihr Einsatzgebiet liegt im Innenbereich als Boden- oder Treppenbelag, die Herstellung erfolgt bei relativ niedrigen Temperaturen von 950 – 1050 °C.

Die ÖNORM EN 14411 [122] regelt die Produkteigenschaften und Kennzeichnung, wobei die Norm bestimmte Produkte nicht erfasst. Sie gilt nicht für durch andere Techniken als Strangpressen oder Trockenpressen hergestellte keramische Fliesen, nicht für trockengepresste unglasierte Fliesen mit einer Wasseraufnahme von mehr als 10 % und nicht für keramische Fliesen für Fahrbahnbeläge im Außenbereich. Als Hauptklassifikationskriterium wird das Herstellungsverfahren (A) und (B) und die damit verbundene Wasseraufnahme herangezogen:

Tabelle 140|3-09: keramische Fliesen und Platten – Formgebungsverfahren – ÖNORM EN 14411 [122]

stranggepresste Fliesen und Platten (A)	Diese werden in bestimmter Länge von einem Strang abgeschnitten, der mit einer Strangpresse aus der plastischen Masse geformt ist.
trockengepresste Fliesen und Platten (B)	Diese werden aus einer fein gemahlenen Masse durch Pressen geformt.

Tabelle 140|3-10: keramische Fliesen und Platten – Wasseraufnahme – ÖNORM EN 14411 [122]

Gruppe I – Fliesen und Platten mit geringer Wasseraufnahme		
stranggepresste Fliesen und Platten (A)	$E_b \leq 0{,}5\ \%$	Gruppe AI_a
	$0{,}5\ \% < E_b \leq 3\ \%$	Gruppe AI_b
trockengepresste Fliesen und Platten (B)	$E_b \leq 0{,}5\ \%$	Gruppe BI_a
	$0{,}5\ \%\ E_b \leq 3\ \%$	Gruppe BI_b
Gruppe II – Fliesen und Platten mit mittlerer Wasseraufnahme		
stranggepresste Fliesen und Platten (A)	$3\ \% < E_b \leq 6\ \%$	Gruppe AII_{a-1}
		Gruppe AII_{b-2}
trockengepresste Fliesen und Platten (B)	$3\ \% < E_b \leq 6\ \%$	Gruppe BII_a

Tabelle 140|3-11: Gütemerkmale für Fliesen und Platten mit geringer Wasseraufnahme, Gruppe AI_a – ÖNORM EN 14411 [122]

Eigenschaften	Anforderungen an Präzision	Anforderungen an Natur
A.1 Länge und Breite		
modulare Fliesen und Platten	so, dass eine Nennfugenbreite zwischen 3 mm und 1 mm zugelassen wird	
nicht modulare Fliesen und Platten	so, dass die Differenz zwischen Werkmaß und Nennmaß nicht mehr als 3 mm beträgt	
zulässige Abweichung der durchschnittlichen Seitenlänge vom Werkmaß (2 oder 4 Seiten)	±1,0 % bis höchstens ±2 mm	±2,0 % bis höchstens ±4 mm
zulässige Abweichung der durchschnittlichen Seitenlänge jeder Fliese und Platte von der durchschnittlichen Seitenlänge der 10 Probekörper (20 oder 40 Seiten)	±1,0 %	±1,5 %
A.2 Dicke		
zulässige Abweichung der durchschnittlichen Dicke jeder Fliese und Platte vom Werkmaß	±10 %	±10 %
A.3 Geradheit der Seiten (Ansichtsfläche)		
maximal zulässige Abweichung von der Geradheit, bezogen auf die entsprechende Werkmaße	±0,5 %	±0,6 %
A.4 Rechtwinkligkeit		
maximal zulässige Abweichung von der Rechwinkligkeit, bezogen auf die entsprechenden Werkmaße	±1,0 %	±1,0 %
A.5 Ebenflächigkeit – Maximal zulässige Ebenheitsabweichung		
Mittelpunktwölbung, bezogen auf die aus den Werkmaßen berechnete Diagonale	±0,5 %	±1,5 %
Kantenwölbung, bezogen auf die entsprechenden Werkmaße	±0,5 %	±1,5 %

Die Gruppen Gruppe AII_a und AII_b werden zusätzlich in zwei Teile mit verschiedenen Produktspezifikationen unterteilt. Im Teil 1 werden die meisten Fliesen und Platten der Gruppe abgedeckt, im Teil 2 bestimmte spezifische Produkte, die unter unterschiedlichen Bezeichnungen hergestellt werden (z. B. Cotto in Italien). Desweiteren gibt es noch Fliesen mit hoher Wasseraufnahme über 10 % der Gruppen AIII und BIII, diese Gruppe gilt jedoch ausschließlich für glasierte Fliesen und Platten. Für die unterschiedliche Anwendung werden für Fliesen und Platten die maßgeblichen Gütemerkmale wie Abmessungen und Oberflächenbeschaffenheit sowie physikalische und chemische Eigenschaften definiert und je nach dem Grad der Übereinstimmung mit der ÖNORM EN 14411 [122] klassifiziert. Fliesen und Platten erster Güteklasse müssen sowohl mit den verbindlichen als auch mit den freigestellten Anforderungen an die jeweilige Gruppe übereinstimmen.

Fliesenformate sind nicht normativ geregelt, demzufolge gibt es eine große Vielfalt an Größen, aber auch Plattendicken am Markt. Das beginnt mit auf Netzen applizierten kleinen Mosaikfliesen bis zu Keramikplatten mit Kantenlängen bis weit über 120 cm. Heute geht der Trend zur Verlegung von Großformaten – hier werden keramische Platten bis zur Größe von z. B. 300×150 cm bei nur 6 mm Dicke angeboten. Als großformatige Belagselemente werden am österreichischen Markt jene bezeichnet, bei denen mindestens eine Kantenlänge größer als 35 cm ist.

Fliesenformate sind nicht normativ geregelt, es gibt eine große Vielfalt an Größen aber auch Plattendicken am Markt.

Große Platten sollten rektifiziert, das heißt allseitig geschnitten, sein, geschliffene Kanten haben und somit nur sehr kleine Maßabweichungen in den Formaten aufweisen. Produktionstechnisch sind keramische Belagselemente jedoch nicht völlig eben und maßgenau herzustellen, was eine Lücke in der Regulierung der Fertigungstoleranzen nach ÖNORM EN 14411 [122] und den Anforderungen für ein flächiges ebenes Verlegen von Großformaten bedeutet. Deshalb ist bei der Materialwahl hier besonders auf die Herstellerspezifikation zu achten. Eine Rasterverlegung ist der Verlegung mit versetzten Fugen vorzuziehen.

Je größer die Plattenformate, desto bedeutsamer ist das vorherige Nivellieren des Untergrundes und eine vollflächige Verklebung. Die nach ÖNORM DIN 18202 [109] zulässigen Ebenheitsabweichungen für erhöhte Anforderungen des Untergrundes sind für die Verlegung großformatiger Belagselemente nicht ausreichend. Es ist eine darüber hinaus gehende erhöhte Ebenflächigkeit durch Ausgleichsschichten herzustellen. Diese Nebenleistungen sind im Leistungsvertrag besonders zu erfassen und in einer eigenen Position auszuschreiben.

Anwendung und Verlegung

140|3|4|1

In der ÖNORM B 3407 [99] werden Planung und Ausführung von keramischen Belägen beschrieben. Fliesen und Platten werden heute zumeist mit Klebemörtel auf ebenen Untergründen verklebt. Die traditionelle Verlegemethode war jedoch das Verlegen von Platten im Mörtelbett.

Dickbettmethode

Die Platten werden auf ein abgezogenes, leicht verdichtetes, abgeriebenes, mindestens 20 mm dickes Zementmörtelbett aufgebracht. Bei Verlegung von Belagsmaterialien mit einer Wasseraufnahme von E unter 3 % gemäß ÖNORM EN 14411 [122] ist eine Kontaktschlämme aufzubringen. Bei Verlegungen im Dickbett im Außenbereich sind Drainagemörtel oder Drainagesysteme zulässig.

Dünnbettmethode

Verklebung mit Dünnbettmörteln oder Klebern auf ebenflächigem, formstabilem Untergrund. In der Regel muss der Boden somit vor dem Verlegen eben ausgeglichen sein. Der Untergrund muss trocken sein, darf nicht absanden und ist in der Regel vor dem Verfliesen zu grundieren. Der Klebemörtel wird dann mit einer Zahnspachtel meist vollflächig auf dem Untergrund oder aber auf der Fliese aufgebracht. Die Benetzung des

Klebemörtels bzw. Klebstoffes zum Belagsmaterial und Verlegeuntergrund hat im Innenbereich mindestens 65 % (bei Wandsockelleisten mindestens 45 %) und im Außenbereich sowie bei erhöhter Belastung mindestens 90 % (weitestgehend gleichmäßig auf dem Belagselement) zu betragen, eine punktuelle Verklebung ist unzulässig.

Damit Hohlräume (fast) ausgeschlossen werden, wird das Klebebett sowohl auf dem Untergrund (floating) wie auch auf der Platte (buttering) aufgekämmt – dieses Verfahren nennt man Floating-Buttering-Verfahren. Wird eine gröbere Zahnung verwendet und das Klebebett damit dicker, spricht man von Mittelbett – hier können profilierte Fliesenrückseiten und kleine Unebenheiten im Boden ausgeglichen werden. Alternativ kann ein Fließbettmörtel verwendet werden, der nach dem Aufkämmen selbst nivelliert und dadurch ebenfalls die Hohlraumbildung vermindert. Die Dicke der Verklebung beträgt je nach Verfahren maximal 5 mm, beim Mittelbett 5 bis 20 mm.

Eine Fehlerquelle, die zu Ablösungen von Fliesenbelägen führt, ist das Verlegen auf „verbranntem" Klebebett. Deshalb darf Klebemörtel nur so weit vorgezogen werden, dass er entsprechend der Baustellenverhältnisse unter Einhaltung der Offenzeit belegt werden kann. Der frisch aufgetragene Klebemörtel ist vor zu raschem Feuchtigkeitsentzug infolge Zugluft oder Sonneneinstrahlung zu schützen.

Je größer die Plattenformate, desto bedeutsamer ist das vorherige Nivellieren des Untergrundes und eine vollflächige Verklebung. Bei der Verlegung von großformatigen Fliesen im Innenbereich ist das Floating-Buttering-Verfahren mit ca. 7 mm Kleberdicke vorteilhaft. Als Kleber sind von den Herstellern für die Verlegung von großformatigen Belagselementen besonders ausgewiesene, verformbare, schnell erhärtende zementhaltige Mörtel für erhöhte Anforderungen mit verringertem Abrutschen zu verwenden. Differenzspannungen zum Untergrund lassen sich durch den Einbau von Entkoppelungsmatten verringern.

Bei Verlegung von Keramikbelägen auf Zementestrichen müssen diese mindestens 28 Tage alt sein, da andernfalls das Schwinden des Estrichs zu einem Aufschüsseln in der Raummitte führen kann. Sollten Calciumsulfatestriche belegt werden, ist auf die kristalline Wasserbindung des verwendeten Klebemörtels zu achten.

Das Verlegesystem und die Kleberdicke sind für die Aushärtungszeit des Klebers ausschlaggebend. Vor Beginn der Verfugung muss dieser Vorgang, der im Regelfall bei der Verlegung von großformatigen Belagselementen länger als bei kleinformatigen dauert, abgeschlossen sein. Grundsätzlich sollen alle verwendeten Materialien wie Ausgleichs-, Klebe- und Fugenmörtel aufeinander abgestimmt („im System") sein [52].

Sind thermische Beanspruchungen und damit Differenzbewegungen zu erwarten – das gilt für alle Freiflächen und für Bereiche im Inneren mit direkter Sonnenbestrahlung (und eventuell dunkler Fliesenfarbe) sowie natürlich für alle Böden mit Unterbauten mit Heiz- oder Kühlfunktion – sollte die Größe der Fliesenformate beschränkt sein, um Spannungen in der Belagsoberfläche über die Fugen abbauen zu können. So wird vom Fachverband der chemischen Industrie Österreich – „Technischer Ausschuss für die Verlegung mit Keramikplatten" – empfohlen, im Außenbereich maximal 30×30 cm große Platten zu verkleben. Dass hochwertige Fliesenkleber eingesetzt werden

Zementestriche müssen mindestens 28 Tage alt sein, da andernfalls das Schwinden des Estrichs zu einem Aufschüsseln in der Raummitte führen kann.

müssen, ist selbstverständlich, wobei heute zur Gewährleistung eines langfristig guten Klebeverbundes die Verwendung von sogenannten „Flexklebern" fast die Regel ist. Als Alternative für den Außenbereich können großformatige Fliesen mit entsprechender Plattendicke (ca. 20 mm) lose in Kiesbett oder auf Stelzlager verlegt werden, wobei zu empfehlen ist, keine zu dunklen Platten wegen der Wärmespannungen einzusetzen.

Mörtel und Klebstoffe, Verbundabdichtung

140|3|4|2

Fliese, Kleber und Verbundabdichtung sind grundsätzlich als ein System anzusehen. In der ÖNORM EN 12004 [113] werden die Eigenschaften der Mörtel und Klebstoffe für Fliesen- und Plattenarbeiten hauptsächlich durch die Art der verwendeten Bindemittel definiert. Dem Bindemittel entsprechend werden die Verwendungseigenschaften und des Verhaltens nach dem Erhärten unterschieden.

Tabelle 140|3-12: Klassifizierung und Bezeichnung – Fliesenkleber – ÖNORM EN 12004 [113]

Kurzbezeichnung Typen	
C	zementhaltiger Mörtel
D	Dispersionsklebstoff
R	Reaktionsharzklebstoff
Kurzbezeichnung Klassen	
1	Mörtel oder Klebstoff für normale Anforderungen
2	Mörtel oder Klebstoff für erhöhte Anforderungen (erfüllt die Anforderungen an zusätzliche Kennwerte)
F	schnell erhärtende Mörtel
T	Mörtel oder Klebstoff mit verringertem Abrutschen
E	Mörtel oder Klebstoff mit verlängerter offener Zeit
S1	verformbarer Mörtel oder Klebstoff
S2	stark verformbarer Mörtel oder Klebstoff

Beispiel 140|3-01: keramische Fliesen und Platten – Kurzbezeichnung Kleber

C	2FTES2	Stark verformbarer schnell erhärtender zementhaltiger Mörtel für erhöhte Anforderungen mit verringertem Abrutschen und verlängerter offener Zeit.

Für übliche Anwendungen werden zementhaltige Kleber eingesetzt, wobei diese mit Kunststoffen vergütet sind. Um die verlangten Werte nicht flexibler mineralischer Fliesenkleber, die mit Plastifizierern angerührt werden zu erreichen, ist unbedingt die Verwendung von Komponenten aus einem System zu empfehlen. Um Spannungen leichter ausgleichen zu können, baut man in den letzten Jahren vermehrt Entkoppelungsmatten unter dem Fliesenbelag ein. Diese ermöglichen oftmals auch eine raschere Entwässerung des Kleberbettes.

Dispersionskleber verwendet man, wenn zeitlich begrenzt eine erhöhte Verformbarkeit erforderlich ist, oft beispielsweise über Holzunterkonstruktionen. Sie sind nicht frostfest und dürfen deshalb nur in Innenräumen genutzt werden. Reaktionsharzklebstoffe sind dort zu verwenden, wo eine erhöhte Widerstandsfähigkeit gegen aggressive Stoffe und besondere Anforderungen an die Haftung gestellt werden. Reaktionsharzklebstoffe werden in Nassbereichen, hauptsächlich in stark benutzten Bädern oder Duschbereichen, gemeinsam mit Kunstharzfugen eingesetzt. Nassbereiche sind jedoch immer mit zusätzlichen Abdichtungen unter dem Kleberbett abzudichten.

Verbundabdichtung

140|3|4|2|1

Verbundabdichtungen – früher auch Alternativabdichtungen genannt – sind dünne, gegen Feuchtigkeit abdichtende Schichten, die unter keramischen

Fliesen- und Plattenbelägen eingebaut werden. Sie vermindern auch die Gefahr von Ausblühungen oder Aussinterungen und können in gewissem Maße Spannungen zwischen Belag und Untergrund reduzieren. Die Verwendung wird aktuell in ÖNORM B 3407 [99] beschrieben. Verbundabdichtungen schützen ausschließlich den Verlegeuntergrund und nicht das Gesamtbauwerk. Demnach gelten sie nicht als Bauwerksabdichtungen. Die ÖNORM EN 14891 [123] beschreibt die Verbundabdichtungen nach ihrem Grundmaterial in Analogie zu den Fliesenklebern (Tabelle 140|3-13).

Tabelle 140|3-13: Klassifizierung und Bezeichnung – ÖNORM EN 14891 [123]

Kurzbezeichnung Arten	
CM	flüssig zu verarbeitende wasserundurchlässige Zementprodukte
DM	flüssig zu verarbeitende wasserundurchlässige Dispersionsprodukte
RM	flüssig zu verarbeitende wasserundurchlässige Reaktionsharzprodukte
Kurzbezeichnung Klassen	
01	mit verbessertem Rissüberbrückungsvermögen bei niedrigen Temperaturen (-5 °C)
02	mit verbessertem Rissüberbrückungsvermögen bei niedrigen Temperaturen (-20 °C)
P	beständig gegen Kontakt mit Chlorwasser (d. h. für die Anwendung in Schwimmbecken)

Tabelle 140|3-14: Kennwerte von Verbundabdichtungen

Kennwert	Anforderung
Anfangshaftzugfestigkeit	≥0,5 N/mm²
Haftzugfestigkeit nach Kontakt mit Wasser	≥0,5 N/mm²
Haftzugfestigkeit nach Wärmealterung	≥0,5 N/mm²
Haftzugfestigkeit nach Frost-Tau-Wechselbeanspruchung	≥0,5 N/mm²
Haftzugfestigkeit nach Kontakt mit Kalkwasser	≥0,5 N/mm²
Wasserdurchlässigkeit	Wasserundurchlässigkeit und ≤20 g Massezunahme
Rissüberbrückung bei Normalbedingungen	≥0,75 N/mm²

In der ÖNORM B 3407 [99] wie auch in der für die Bauwerksabdichtungen geltenden ÖNORM B 3692 [100] sind Feuchtigkeitsbeanspruchungen quantifiziert und die Feuchtraumabdichtungen gesondert angeführt.

Tabelle 140|3-15: Feuchtigkeitsbeanspruchungen – ÖNORM B 3407 [99]

Beanspruchungsklasse	Anwendungsbereiche (Beispiele)	Untergründe	Entwässerung	Abdichtung
W1 sehr geringe Wasserbelastung Flächen mit nicht häufigem, kurzzeitigem Einwirken durch Wasser	Wohnbereich: Wohnräume, Gangbereiche, WCs, Büros u. dgl.	feuchtigkeitsempfindliche [1] feuchtigkeitsunempfindliche [2]	keine Abläufe erforderlich	keine besonderen Maßnahmen erforderlich
W2 geringe Wasserbelastung Flächen mit nicht häufigem, kurzzeitigem Einwirken durch Wisch-, Spritz- und Brauchwasser	Betriebsbereiche: WC-Anlagen, Wohnbereiche: Küchen bzw. Räume mit ähnlicher Nutzung			
W3 mäßige Wasserbelastung Flächen mit häufigem, kurzzeitigem Einwirken durch Wisch-, Spritz- und Brauchwasser	Wandflächen ohne Ablauf [4], Bodenflächen ohne Ablauf: z. B. Badezimmer, Duschtassen. WC-Anlagen ohne Bodenablauf; Windfang	feuchtigkeitsempfindliche [1] feuchtigkeitsunempfindliche [2] feuchtigkeitsempfindliche [1] tragende Teile		bei Fliesen-/keramischen Belägen [3]
W4 hohe Wasserbelastung Flächen mit häufigem, anhaltendem Einwirken durch Wisch-, Spritz- und Brauchwasser	Wandflächen ohne Ablauf [4], Bodenflächen mit Ablauf: z. B. Badezimmer, Duschen mit niveaugleichen Einbauteilen, Waschküchen. Bodenflächen in WC-Anlagen mit Bodenablauf	ohne Gefälle in Rohbauebene zulässig, Gefälle in Gehbelagsebene erforderlich	Bodenablauf in Gehbelagsebene	Abdichtung auf Rohbauebene gemäß ÖNORM B 3407 zuzüglich Verbundabdichtung bei Fliesen-/keramischen Belägen [3]
W5 sehr hohe Wasserbelastung Flächen mit dauerhaft anhaltendem Einwirken durch Wisch-, Spritz- und Brauchwasser und/oder erhöhter chemischer Einwirkung	Schwimmbeckenumgänge, Duschanlagen, betrieblich-industrielle Produktionsstätten wie z. B. Laboratorien, Lebensmittelverarbeitende Betriebe, Großküchen	Gefälle in Rohbauebene und Gefälle in Gehbelagsebene erforderlich	Bodenablauf in Rohbauebene und Gehbelagsebene	
W6 Außenbereich Flächen im Außenbereich	Balkone, Terrassen, Loggien, Treppen, offene Laubengänge	Abdichtung gemäß ÖNORM B 3691 zuzüglich Verbundabdichtung bei Fliesen-/keramischen Belägen [3]		

1) feuchtigkeitsempfindliche Untergründe wie z. B. Gipswerkstoffe, Calciumsulfatestriche, Holzwerkstoffe
2) weitgehend feuchtigkeitsunempfindliche Untergründe wie z. B. Beton, zementbasierende Putze, zementgebundene mineralische Bauplatten
3) Gilt für Beläge; bei anderen Belägen sind zumindest gleichwertige Maßnahmen zu planen und auszuführen.
4) Betrifft bodenebene Abläufe in Wandfläche, nicht betroffen sind geschlossene Abläufe wie z. B. Waschmaschinenabfluss, Waschbeckenabfluss.

Viele Verbundabdichtungen sind auch durch deutsche Zulassungen geregelt, dabei wird auch auf Beanspruchungsklassen nach Tabelle 140|3-16 Bezug genommen.

Tabelle 140|3-16: Feuchtigkeitsbeanspruchungen – ZDB-Richtlinien

Beanspruchungs-klasse	Beanspruchung	Anwendungsbeispiele
A 1	Wandfläche (durch Brauch- und Reinigungswasser hoch beansprucht)	Wand in öffentlichen Duschen
A 2	Bodenflächen (durch Brauch- und Reinigungswasser hoch beansprucht)	Böden in öffentlichen Duschen; Schwimmbeckenumgängen
B	Wand- und Bodenflächen in Schwimmbecken im Innen- und Außenbereich (mit von innen drückendem Wasser)	Wand- und Bodenflächen im Schwimmbecken
C	Wand und Bodenflächen bei hoher Wasserbeanspruchung und in Verbindung mit chemischer Belastung	Wand- und Bodenflächen in Räumen bei begrenzter chemischer Beanspruchung

In privaten Bädern muss ebenfalls eine Verbundabdichtung angeordnet werden, die Grenzen dazu sind in ÖNORM B 3407 [99] definiert:

- Alle Wandflächen im Spritzwasserbereich von Badewannen und Duschen sind in der gesamten Länge und Breite dieser Einbauten sowie beidseitig 30 cm über deren Rand hinausgehend mit einer Verbundabdichtung herzustellen. Können die 30 cm nicht eingehalten werden, so sind kapillarbrechende Maßnahmen (z. B. Profilschienen) vom Planer vorzusehen und vom Verleger als Sonderkonstruktion einzubauen.

- Die Verbundabdichtung ist mindestens 30 cm über die oberste Wasserentnahmestelle hinausgehend, jedoch mindestens 200 cm über die fertige Fußbodenoberkante auszuführen. Bei Wasserauslässen aus der Decke ist die Verbundabdichtung bis zur Decke auszuführen.

- Die Verbundabdichtung ist auf der gesamten Bodenfläche, inklusive 6 cm Hochzug mit Dichtband, auch hinter Badewannen und Duschtassen, auszuführen. Das Aufstellen der Badewanne und Duschtasse darf erst nach vollständiger Aushärtung der Verbundabdichtung in diesem Bereich erfolgen. Badewannen und Duschtassen sind standfest zu montieren. Ist das Herstellen einer Verbundabdichtung unter Einbauteilen (z. B. Badewannen, Duschtassen) aus konstruktiven Gründen nicht möglich, so sind Sonderkonstruktionen vom Planer vorzusehen.

- Die Mindesttrockenschichtdicke der Verbundabdichtung ist gemäß Herstellerangaben auszuführen.

- Systemkomponenten wie Dichtbänder, Dichtmanschetten, Innen- und Außeneckformstücke sind zu verwenden und in die Verbundabdichtung einzubinden. Stöße zwischen Dichtbändern und Dichtbandecken sind 50 mm zu überlappen.

- Als Verlegeuntergrund für die Verbundabdichtung sind feuchtigkeitsempfindliche Materialien wie z. B. Gipswerkstoffe, Calciumsulfatestriche und Holzwerkstoffe ab Beanspruchungsklasse W4 nicht zulässig.

Die Dicke von Verbundabdichtungen ist nach den Herstellerangaben auszuführen. Da jedoch die Schichtdickenanforderungen zumeist relativ „dünn" sind und eine Vlieseinlage nicht unbedingt notwendig ist, hat die Qualität des Untergrundes hinsichtlich Rauigkeit, Ebenheit und Vorbehandlung eine höhere Bedeutung und es wird deshalb eine Schichtdickenkontrolle (mit Protokoll) als erforderlich gesehen und sollte vertraglich vereinbart werden. Eine solche

Schichtdickenkontrolle zur Einhaltung der vorgegebenen Mindestschichtdicke ist jedoch in Österreich nicht üblich. Ebenfalls sind die in den Herstellerangaben beschriebenen Arbeitsschritte (z. B. mehrmaliger Auftrag mit 3 mm Zahnkelle oder Einhaltung von Trockenzeiten) zu beachten, genauso wie der Unterschied zwischen Nassschichtdicke und Trockenschichtdicke. Ergänzend ist zu empfehlen, dass auch für die Herstellung von Verbundabdichtungen vom ausführenden Unternehmen und dessen Personal eine entsprechende Erfahrung und Qualifikation nachzuweisen ist. Auch eine entsprechende, fachgerechte Detailplanung ist notwendig.

Abbildung 140|3-03: Ausführungsbeispiele für die Verbundabdichtung im Innenbereich – ÖNORM B 3407 [99]

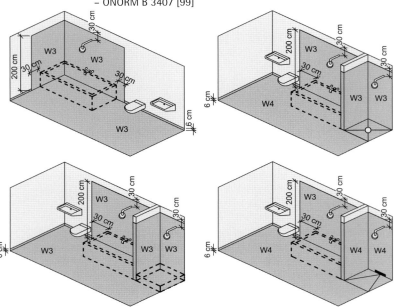

Bei Badabläufen sind eine Reihe von Produkten am Markt, die auch eine Einbindung in die Verbundabdichtungsebene ermöglichen, wobei eine Entwässerung der Abdichtungsebene nur selten vorgesehen ist.

Pflasterklinker

140|3|4|3

Pflasterklinker werden aus speziellen Tonen und bei Temperaturen von über 1100 °C gebrannt und entsprechen der ÖNORM EN 1344 [111]. Diese hohe Brenntemperatur knapp an der Sintergrenze verleiht dem Produkt die für das Einsatzgebiet erforderlichen Eigenschaften wie

- hohen Verschleißwiderstand
- geringen Abrieb
- Frost- und Frosttausalzbeständigkeit
- Beständigkeit gegen Säuren, Laugen, Salze und Öle

Die Abmessungen der Steine reichen von 20,5×10×5 cm bis zu 26×14×5 cm (siehe auch Sonderband „Ziegel im Hochbau" [12]). Voraussetzung für eine dauerhaft schöne Pflasterfläche mit hoher Belastbarkeit und langer Lebensdauer ist neben der fachgerechten Verlegung die richtige Ausführung des Oberbaus, der Tragschicht und der Pflasterbettung. Für Freibereiche ist sowohl ein Aufbau in ungebundener wie auch gebundener Bauweise möglich.

Ungebundene Bauweise – Splittbettverlegung
Eine Splittbettverlegung ist im privaten Bereich mit Fahrzeugen bis zu 3,5 t Gesamtgewicht befahrbar. Für mit LKW oder PKW befahrbare Pflasterdecken im öffentlichen Bereich (Straßen, Dorfplätze, Parkplätze) ist der Aufbau nach den Richtlinien und Vorschriften für den Straßenbau (RVS) zu bemessen. Das Bettungsmaterial (kalkfreier Splitt der Körnung 2/4 mm bis 2/8 mm aus Basalt oder Quarz) wird gleichmäßig ca. 3 – 6 mm stark eingebracht und kann bereits vorverdichtet werden.

Gebundene Bauweise – Mörtelbettverlegung
Die Verlegung von Pflasterklinkern im Mörtelbett wird auf Betonflächen angewandt. Die Pflasterklinker werden mit etwa 5 bis 8 mm Fugenbreite in ein ca. 2 cm dickes Mörtelbett flach verlegt. Diese Fugenbreite hebt die Wirkung des Pflasterklinkers hervor und erleichtert zugleich das nachträgliche Verfüllen des Fugenmörtels. Bei Verfugung in Schlämmtechnik unter Verwendung von Fertig-Fugenmörtel ist eine Fugenbreite von rund 5 bis 10 mm möglich.

Tabelle 140|3-17: Aufbauten von Böden mit Pflasterklinker [12]

ungebundene Bauweise – Splittbettverlegung

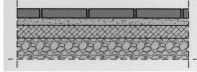

Pflasterklinker (5,0 bzw. 6,5 cm)
Pflasterbettung (3,0 – 6,0 cm)
mechanisch stabilisierte Tragschicht (5 – 10 cm)
Frostschutzschicht (Unterbau-Planum)

Aufbauhöhe ≥13 cm

Pflasterklinker – ungebundene Bauweise in Splittbettverlegung

gebundene Bauweise – Mörtelbettverlegung

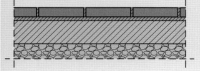

Pflasterklinker (5,0 bzw. 6,5 cm)
Mörtelbett, Drainagemörtel (~2,0 cm)
Unterbeton, Drainbeton (10 – 15 cm)
Frostschutzschicht (Unterbau-Planum)

Aufbauhöhe ≥17 cm

Pflasterklinker – gebundene Bauweise in Mörtelbett-verlegung

Holzfußböden

140|3|5

Holzfußböden sind einerseits als Unterkonstruktion für unterschiedlichste Beläge aus anderen Materialien geeignet und werden andererseits für die Gehflächen und Sichtflächen verwendet. Sie sind wärmedämmend, fußwarm, optisch ansprechend, mäßig verschleißfest und normal bis schwer brennbar. An Holzarten kommen sowohl Weichhölzer (Fichte, Tanne, Kiefer, Lärche etc.) als auch Harthölzer (Buche, Eiche, Esche, Ulme etc.) zum Einsatz.

Anwendung

140|3|5|1

Holzfußböden können entweder auf Holzunterkonstruktionen oder aber direkt auf Estrich verlegt werden. Eine Ausnahme ist das Holzstöckelpflaster, welches wie Steinpflaster direkt auf einen Unterbau versetzt wird. Die viele Einzelheiten definierende ÖNORM B 2218 [80] zitiert über 30 weitere Normen, die die Verarbeitung von Holzfußböden direkt betreffen. Das zeigt die vielen zu berücksichtigenden Aspekte nur dieser einen Belagsart.

Tabelle 140|3-18: zulässiger Feuchtigkeitsgehalt des Untergrundes zum Zeitpunkt der Verlegung des Holzfußbodens – ÖNORM B 2218 [80]

Arten des Untergrundes	maximal zulässiger Feuchtigkeitsgehalt [%]
auf Zementbasis	
allgemein	2,0 [1]
kunstharzmodifiziert	gemäß Angabe des Herstellers [1]
Fließestrich	gemäß Angabe des Herstellers [1]
Heizestrich	1,8 [1]
auf Gips- und Calciumsulfatbasis	
allgemein	0,3 [1]
kunstharzmodifiziert	gemäß Angabe des Herstellers [1]
Fließestrich	gemäß Angabe des Herstellers [1]
Heizestrich	0,3 [1]
Beschüttungsmaterialien	
z. B. feinteilarme Sande, Granulat, Hüttenbims, Splitt, Hochofenschlacke	augenscheinlich trocken bis zur untersten Schicht [2]
Holz	max. 12 [3]
Holzwerkstoffe	max. 11 [4]

1) %, gemessen gemäß Calciumcarbidmethode
2) Als Anzeichen für etwaige vorhandene Restfeuchtigkeit kann eine Dunkelfärbung angesehen werden.
3) gemessen in einem elektrischen Widerstandsmessgerät
4) % der Masse, gemessen nach der Darrmethode

Der Untergrund muss lufttrocken (zementgebundene Böden ≤2,0 CM-%) sein, für die Fußbodenhölzer ist ein maximaler Feuchtigkeitsgehalt von 12,0 M-% einzuhalten, anorganische Beschüttungsmaterialien dürfen keinen Feuchtigkeitsgehalt über 1,0 M-% aufweisen. Auch Holzunterkonstruktionen müssen aus Gründen des Trittschallschutzes mindestens 10 mm Randabstand von Wänden besitzen.

Holzarten

140|3|5|2

Für Parkett wird traditionell Eiche verbaut, obwohl auch amerikanische und europäische Nuss, Esche, Wenge, afrikanische Edelhölzer oder in den letzten Jahren Bambus für Bodenoberflächen verarbeitet werden. Bei Vollholzdielen- oder Schiffsböden finden heimische Weichhölzer, Lärche oder Kiefer Verwendung.

Die Holzarten werden in unterschiedlicher Bearbeitung eingebaut – gedämpft, gelaugt, geräuchert, gebürstet oder sogar sandgestrahlt, um unterschiedliche Effekte in Farbe und Oberfläche zu erzielen. Ob Hart- oder Weichholz und welche Holzart wird auch von der Art des Bodens bestimmt. Moderne, kostengünstige Fertigparkettböden haben nur eine sehr dünne Edelholzauflage von rund 3 bis 4 mm, was die Kosten des dabei verarbeiteten Holzes geringhält, gleichzeitig aber die Lebensdauer auf ein bis zwei Schleifvorgänge reduziert. Für geölte Böden besteht auch die Möglichkeit einer lokalen Ausbesserung. Unter der Nutzschicht aus Edelholz ist zumeist eine Weichholz-Trägerplatte.

Unterboden

140|3|5|3

Holzunterkonstruktionen sind entweder Polsterhölzer mit darüber genageltem Blindboden oder aber nur die Polsterholzstruktur mit darüber aufgenagelten Bodenbrettern oder Dielen. Polsterhölzer liegen entweder auf Trittschall-dämmstreifen auf oder sind im Altbau in die Beschüttung eingebettet. Unter-böden sind mit einem Abstand von 1 bis 2 cm von der fertigen Wandfläche herzustellen.

Tabelle 140|3-19: Achsabstand der Polsterhölzer für Holzwerkstoff-Verlegeplatten –
ÖNORM B 2218 [80]

Nutzlast	2 kN/m²	4 kN/m²	5 kN/m²
Brettdicke [mm]	maximaler Achsabstand [cm]		
19	49	46	–
22	62	54	49

Tabelle 140|3-20: Achsabstand der Polsterhölzer für Massiv-Nadelholz-Fußbodendielen
– ÖNORM B 2218 [80]

Nutzlast	2 kN/m²	4 kN/m²	5 kN/m²
Brettdicke [mm]	maximaler Achsabstand [cm]		
19	46	39	36
21	50	42	39
24	55	55	44
34	72	72	57

Polsterhölzer

Polsterhölzer sind Kanthölzer mit 5×8 cm, Mindestmaß 4×7 cm, die in einem Abstand in Abhängigkeit der darüber befindlichen Hölzer und der Nutzlasten (Tabelle 140|3-19, Tabelle 140|3-20) sowie mit versetzten Stößen zu verlegen sind. Werden Polsterhölzer ohne Beschüttung verlegt, sind zur Erreichung der vorgesehenen Höhe Distanzklötzchen versetzt anzuordnen, die in ihrer Lage gesichert sein müssen. Um die Stabilität der Unterkonstruktion sicherzustellen, müssen bei Höhendifferenzen von mehr als der doppelten Polsterholzdicke zusätzliche Polsterhölzer quer zur ersten Polsterlage eingebracht werden.

Holzwerkstoff-Verlegeplatten auf Polsterhölzern sind mit wechselndem Stoß (keine Kreuzstöße) zu verlegen und in Abständen von jeweils etwa 33 cm auf den Polsterhölzern mit Schrauben zu befestigen. Zwei gegenüberliegende Seiten müssen auf je einem Polsterholz aufliegen. Entlang von aufgehenden Bauteilen, bei einem Untergrundwechsel in einem Raum sowie bei Türübergängen ist ein durchlaufendes Polsterholz zu verlegen.

Blindboden

Die Blindbodenbretter mit einer maximalen Breite von 14 cm müssen eine Nenndicke von 2,2 cm aufweisen und sind mit einem Zwischenraum von höchstens 2 cm auf den Polsterhölzern zu befestigen. Sie müssen auf mindestens drei Polsterhölzern aufliegen, Stöße der Blindbodenbretter sind nur über Polsterhölzern anzuordnen. Die Verlegung von Blindbodenbrettern wechselweise in Gruppen bis zu einer Stoßlänge von maximal 1 m ist zulässig. Blindbodenbretter mit Längen unter 1,85 m dürfen nur in einem Ausmaß von maximal 20 % der Raumfläche verwendet werden. Die einzelnen Bretter sind auf jedem Polsterholz mit mindestens zwei Drahtstiften zu befestigen, deren Länge mindestens die 2,5-fache Brettdicke beträgt. Holzwerkstoff-Verlegeplatten, die auf Polsterhölzern verlegt werden und als Blindboden dienen, müssen eine Nenndicke von mindestens 1,9 cm aufweisen und durch Nut und Feder verbunden sein.

Blindbodenbretter müssen eine Nenndicke von 2,2 cm aufweisen und sind mit einem Zwischenraum von höchstens 2 cm auf den Polsterhölzern zu befestigen.

Abbildung 140|3-04: Blindboden auf Polsterhölzern

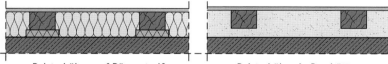

Polsterhölzer auf Dämmstreifen   Polsterhölzer in Beschüttung

Beispiel 140|3-02: Unterböden aus Holz

Streublindboden

Bei einem Streublindboden werden die Bodenbretter mit einem Abstand von maximal 10 cm verlegt, wobei mindestens 60 % der Fläche bedeckt sein müssen. Holzwerkstoff-Verlegeplatten auf Streublindböden müssen eine Nenndicke von mindestens 1,6 cm aufweisen, sind mit wechselndem Stoß zu verlegen und in Abständen von jeweils etwa 33 cm auf dem Streublindboden mit Schrauben zu befestigen. Nicht durchgehend aufliegende Plattenstöße sind zu verleimen.

Abbildung 140|3-05: typische Verlegemuster von Holzoberböden

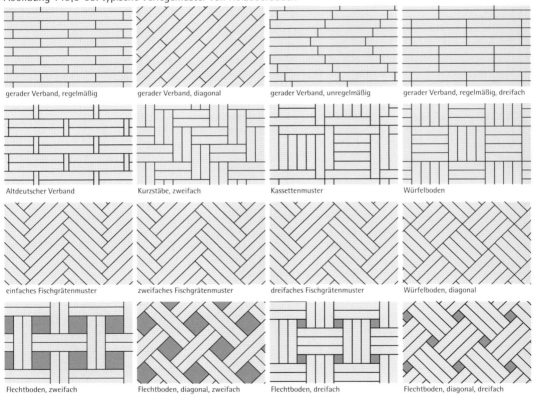

gerader Verband, regelmäßig	gerader Verband, diagonal	gerader Verband, unregelmäßig	gerader Verband, regelmäßig, dreifach
Altdeutscher Verband	Kurzstäbe, zweifach	Kassettenmuster	Würfelboden
einfaches Fischgrätenmuster	zweifaches Fischgrätenmuster	dreifaches Fischgrätenmuster	Würfelboden, diagonal
Flechtboden, zweifach	Flechtboden, diagonal, zweifach	Flechtboden, dreifach	Flechtboden, diagonal, dreifach

Oberboden

140|3|5|4

Die Holzoberböden sind entweder aus massiven Holzelementen (Dielen, Riemen) oder aus zusammengesetzten Mehrschichtelementen (Fertigparkett). Produkte, die durchgehend aus massivem Holz gefertigt sind (Massivholzdielen, Riemenparkett, Stabparkett, Industrieparkett), haben bei größerer Trockenheit eine größere Fugenbildung als mehrschichtige Produkte mit geringerer Nutzschicht. Die Vorteile des einschichtigen, massiven Parkettholzes mit oftmaliger Renovierbarkeit aber größerer Fugenbildung stehen den Vorteilen der vorgefertigten Produkte mit der höheren Formstabilität aber der geringeren Nutzschichtdicke gegenüber.

Aufgrund der unterschiedlichen Abmessungen und Materialkombinationen ergeben sich auch vielfältige Möglichkeiten der Verlegung und damit des optischen Aussehens der Holzfußböden.

Holzböden sind aufgrund ihrer Gütemerkmale in einzelne Sorten eingeteilt, die in den jeweiligen Produktnormen genauer definiert werden. Zwei- oder dreischichtige Böden können auch über Fußbodenheizungen verlegt werden.

- Exquisit (E) weist natürliche Farbunterschiede, nicht zu grobe Holzstruktur sowie nicht zu grobe Flader auf.
- Natur (N) ist durch natürliche Farbunterschiede und Flader gekennzeichnet.
- Gestreift (G) erhält durch Splint und dunkles Kernholz ein gestreiftes Aussehen.
- Rustikal (R) hat auffällige Farbunterschiede und Äste.

Schiff- oder Riemenboden, Landhausdielen

140|3|5|4|1

Schiffböden sind großformatig strukturierte Böden aus massiven Vollholzelementen (Dicke zwischen 21 mm und bis zu 50 mm) gespundet oder mit Nut und Feder verlegt. Bei Brettlängen über 3 m (in der Regel auch kürzer) auch mit Hirnholzstoß zueinander versetzt, auf Polsterhölzern verdeckt genagelt. Hier bildet die Oberfläche des Tragelements gleichzeitig auch die Fußbodenoberfläche. In der Regel werden für Schiffböden oder Riemenböden Weichhölzer verwendet. Am Markt werden unter dem Titel Schiffboden auch Fertigparkettdielen (Landhausdielen) angeboten, die zwei- oder mehrschichtig aufgebaut sind und deren optische Erscheinung im verlegten Zustand dem eines Schiffbodens entspricht.

Parkettriemen sind aus einem Stück Holz gefertigt, sie sind mit 65 bis 100 cm kürzer als Schiffbodendielen und werden ebenso auf Polsterhölzern verlegt, wobei mindestens drei Polsterhölzer pro Riemenlänge vorhanden sein müssen. Die Haltbarkeit von Schiff- oder Riemenböden ist hoch, da sie durchgehend aus massivem Holz hergestellt sind und daher oftmalig renoviert (geschliffen) werden können. Parkettriemen sind in den Sorten Exquisit (E), Natur (N) und Rustikal (R) erhältlich.

Parkettelemente

140|3|5|4|2

Grundsätzlich gilt, dass alle einzelnen Parkettelemente miteinander zu verbinden sind. Tafelparkett, Parkettdielen oder Stabparkett wird auf den Blindboden genagelt oder wie Mosaikparkett und Klebeparkett auf Estriche oder Holzwerkstoffplatten geklebt.

Fertigparkettelemente sind bis zu einer Dicke von 1,2 cm vollflächig zu verkleben, ab 1,3 cm dicke auch schwimmend zu verlegen oder zu nageln. Fertigparkettdielen sind mit versetzten Stößen mit mindestens 15 % der Dielenlänge überlappend zu verlegen.

Abbildung 140|3-06: Stabparkett

Oberwange — Hirnholzfeder — Längsfeder

Tabelle 140|3-21: typische Abmessungen von Parkettelementen

	Stabdicke [mm]	Stabbreite [mm]	Stablänge [mm]	Sorten
Stabparkett	≥22	45 – 70	250 – 450	(E) (N) (G) (R)
Mosaikparkett	8 – 10	18 – 50	80 – 300	(N) (G) (R)
Tafelparkett	22 – 34	100 – 800	240 – >1000	
Fertigparkett	≥8 – (26)	50 – 650	200 – 1200 (2400)	

Laminatböden

140|3|5|4|3

Laminatböden weisen einen mehrschichtigen Aufbau auf und bestehen aus einer Deckschicht aus einer oder mehreren dünnen Lagen eines faserhaltigen Materials (in der Regel Papier), imprägniert mit aminoplastischen, wärmehärtbaren Harzen, meist Melaminharz. Sie können auch dem Erscheinungsbild eines Holzbodens angepasst sein. Die Elemente werden üblicherweise mit Nut und Feder versehen, um deren Verbindung beim Verlegen zu erleichtern.

Durch gleichzeitige Anwendung von Hitze und Druck werden die einzelnen Lagen entweder als solche verpresst (HPL, CPL, Kompakt) oder auf ein Trägermaterial in der Regel aus Holzwerkstoffen verklebt. Die Bodenplatten erhalten üblicherweise noch eine Schicht (z. B. HPL, CPL, imprägnierte Papiere, Furniere) als Gegenzug.

Laminatböden bestehen aus einem mehrschichtigen Aufbau – Deckschicht, Trägermaterial, Gegenzug.

Deckschicht

ist die oberste dekorative Lage, die beim verlegten Fußboden sichtbar bleibt. Sie besteht aus mit wärmehärtbaren Harzen imprägnierten Papieren, herstellbar in drei verschiedenen Verfahren.
- Hochdrucklaminate (HPL)
- kontinuierlich gepresste Laminate (CPL)
- direkt auf das Trägermaterial verpresst (DPL)

Trägermaterial

Ist die Kernschicht des fertigen Laminatbodens, in der Regel eine Spanplatte, eine mitteldichte Faserplatte oder eine Faserplatte hoher Dichte (MDF oder HDF).

Gegenzug

besteht üblicherweise aus HPL, CPL, imprägnierten Papieren oder Furnieren. In erster Linie dient diese Schicht dazu, das Produkt auszugleichen und zu stabilisieren.

Abbildung 140|3-07: Aufbau eines Laminatbodenelementes – ÖNORM EN 13329 [116]

1 Deckschicht
2 Trägermaterial
3 Gegenzug

Laminatböden sind für verschiedene Beanspruchungsklassen, abhängig von der Nutzung und dem Gebrauch klassifiziert nach ÖNORM EN 10874 [115] (Tabelle 140|3-24).

Holzpflaster

Holzpflasterböden, auch als „Holzstöcklpflaster" bezeichnet, bestehen aus quaderförmigen Klötzen, den Holzpflasterklötzen. Sie werden über die Hirnholzflächen als Trittfläche begangen. Eine Verlegung ist mit Fugenleisten (Pflasterklötze L) oder als Pressverlegung (Pflasterklötze P) möglich, die Breite der Klötze beträgt 80 mm, die Länge 80 bis 160 mm und die Höhe 40 bis 100 mm.

In der ÖNORM B 3000-8 [94] sind für Hölzer aus Fichte, Tanne, Kiefer, Lärche und Eiche Gütebestimmungen angeführt, eine Verlegung ist für regengeschützte Freiflächen (z. B. überdeckte Einfahrten) und unbeheizte und beheizte Räume möglich. Die Holzpflasterklötze müssen auch mit einem auf den speziellen Verwendungszweck abgestimmten, geeigneten Holzschutzmittel oder Hydrophobierungsmittel imprägniert sein.

Tabelle 140|3-22: Aufbauten Holzpflaster

Gewerbeboden mit imprägnierten Holzklötzen

Holzpflaster (4,0 bis 10,0 cm)
heißflüssige Klebemasse
Unterlagsbahn bituminös, verklebt
starre Unterkonstruktion

Aufbauhöhe ≥5 cm

Wohnbereich mit Estrich

Holzpflaster (4,0 bis 10,0 cm)
Kunststoffkleber
Estrich (schwimmend oder im Verbund)
Deckenkonstruktion

Aufbauhöhe über Estrich ≥5 cm

Beispiel 140|3-03: Holzpflasterböden

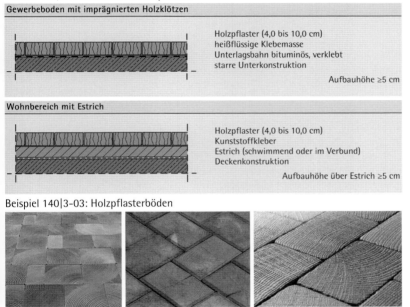

Elastische Bodenbeläge

Elastische Bodenbeläge können aus den verschiedenartigsten Materialien mit zum Teil sehr unterschiedlichen Eigenschaften bestehen. Sie werden vorzugsweise dort eingesetzt, wo große Flächen ohne erheblichen baulichen und zeitlichen Aufwand mit einem meist preiswerten, strapazierfähigen und verhältnismäßig problemlos zu reinigenden Belag zu versehen sind.

Tabelle 140|3-23: elastische Bodenbeläge – Produkte und Materialien

elastische Bodenbeläge					
PVC-Beläge	Polyolefin-Beläge	Quarzvinyl-Beläge	Linoleum-Beläge	Elastomer-Beläge	Kork-Beläge
- ohne Rücken - mit Rücken - mit geschäumter Schicht - Flex-Platten			- mit/ohne Muster - mit Schaumrücken - mit Korkmentrücken - Korklinoleum	- ebene Beläge - mit Schaumstoffschicht - profilierte Beläge	- Presskorkplatten - Korkmentunterlagen - Kork-Fertigparkett

Die meisten Beläge gibt es als Bahnen oder Plattenware, eine Klassifizierung ist nach ÖNORM EN 10874 [115] möglich (Tabelle 140|3-24).

Tabelle 140|3-24: elastische, textile und Laminat-Bodenbeläge – Beanspruchungsklassen und Klassifizierungssymbole – ÖNORM EN 10874 [115]

	mäßig/gering	mittel/normal	stark	sehr stark
WOHNEN	21: Schlafzimmer	22: Küchen, Flure, Arbeitszimmer, Hobbyräume 22+: Küchen, Flure, Eingangsbereiche, Arbeitszimmer, Hobbyräume	23: Küchen, Flure, Eingangsbereiche, Arbeitszimmer, Hobbyräume	
GEWERBLICH	31: Hotelzimmer, Einzelbüros, Besprechungsräume	32: Hotelflure, Büros, Wartezimmer, Klassenzimmer, kleinere Verkaufsstätten	33: Großraumbüros, Mehrzweckhallen, Schulen, Kaufhäuser, Hotellobbys	34: Mehrzweckhallen, Kaufhäuser, Schalterhallen, Flughäfen
INDUSTRIELL	41: Feinmechanik-Werkstätten	42: Lagerräume, Elektronik-Werkstätten	43: Lagerflächen, Produktionshallen	

Materialien und Verlegung   140|3|6|1

Für die Materialwahl ist meist der Einsatzzweck maßgeblich, da nicht alle Materialien gleichartige Eigenschaften aufweisen und meist aus der Anforderung auch das richtige Belagsmaterial und dessen Verarbeitung resultiert.

PVC-Bodenbeläge

Diese Beläge bestehen im Wesentlichen aus Polyvinylchlorid als Bindemittel sowie mineralischen Füllstoffen, Pigmenten, Stabilisatoren und Weichmachern. Sie zeichnen sich durch ihre weitestgehend porenfreie und damit dichte Struktur aus. Hinsichtlich des Belagsaufbaues ist in homogene Beläge mit einer über die gesamte Belagsdicke gleichen Materialzusammensetzung und in heterogene meist mehrschichtig aufgebaute Belege zu unterscheiden.

– Beläge ohne Rücken (Trägerschicht) können homogen oder heterogen aufgebaut sein und werden sowohl im Wohn- wie auch im Objektbereich eingesetzt.

– Beläge mit Rücken sind Verbundkonstruktionen, bei denen die Vorteile einer strapazierfähigen Oberschicht mit jener der entsprechenden Unterschicht zur Erzielung spezieller Eigenschaften kombiniert werden können. Als Trägerschichten werden hauptsächlich Jutefilze, Korkmente, PVC-Schaumstoffe oder Synthesefaser-Vliesstoffe eingesetzt.

– Reliefbeläge, auch als PVC-Bodenbeläge mit strukturierter Oberfläche bezeichnet, sind heterogene Beläge aus vier bis fünf Schichten, die an der Oberfläche ein entsprechendes Dekor aufgedruckt und eingeprägt haben und an der Unterseite dem Verwendungszweck entsprechend einen Rücken besitzen.

Polyolefin-Bodenbeläge

Sie entstanden aus dem Wunsch nach PVC-freien Baustoffen und wurden mit dem Bindemittel EVA-Copolymerisat (Ethylenvinylacetat) anstatt des Polyvinylchlorids entwickelt. Grundsätzlich sind der Aufbau und die Struktur vergleichbar mit PVC-Belägen, jedoch weisen hauptsächlich die mechanischen Eigenschaften deutliche Qualitätsunterschiede auf.

Quarzvinyl-Bodenbeläge

Die Herstellung erfolgt sehr ähnlich den PVC-Belägen, wobei der Anteil am Bindemittel PVC wesentlich geringer und der Anteil an Quarzsand sehr hoch ist. Diese Beläge weisen eine sehr hohe Widerstandsfähigkeit gegen mechanische Beanspruchungen auf, sind jedoch nicht geeignet für Nassräume und in Bereichen mit elektronischen Geräten.

Linoleum-Bodenbeläge

Linoleum zählt zu den ältesten Belagsmaterialien und besteht aus Leinöl, Holz- und Korkmehl, mineralischen Füllstoffen und Farbpigmenten sowie Naturharzen.

- Linoleum-Bodenbeläge werden auf ein Trägermaterial (Jutegewebe) aufgewalzt und erhalten eine dünne Oberflächenversiegelung.

- Linoleum-Verbundbeläge (Linoleum mit Rücken) werden ergänzend nach der Herstellung auf dem Trägermaterial noch unterseitig mit einem Schaumrücken oder einem Korkmentrücken versehen. Dadurch ergeben sich bessere Eigenschaften der Wärme- und Trittschalldämmung, die Beläge sind auch trittelastischer.

- Korklinoleum ist ein homogener Belag, der einen höheren Anteil an Korkgranulat in der Oberschicht enthält.

Elastomer-Bodenbeläge (Gummibeläge)

Elastomer-Bodenbeläge, auch vielfach als Gummibeläge bezeichnet, werden auf Basis von Kautschuk (Natur- oder Synthesekautschuk) unter Zugabe von Vulkanisierungsmitteln, Füllstoffen, Farbpigmenten und chemischen Zusätzen hergestellt. Elastomere sind weitgehend temperaturstabil und thermisch nicht bearbeitbar. Bei intensiver Sonneneinstrahlung oder Temperierung durch z. B. Fußbodenheizungen kann ein gummiartiger Geruch auftreten. Für die Verlegung im Außenbereich oder bei sehr hoher Nassbelastung sind Elastomer-Bodenbeläge nicht geeignet, sie weisen aber hinsichtlich des elektrostatischen Verhaltens eine sehr gute Ableitfähigkeit auf.

> Elastomere sind weitgehend temperaturstabil und thermisch nicht bearbeitbar.

- Beläge ohne Unterschicht können einen homogenen oder heterogenen Aufbau besitzen und eignen sich für höhere mechanische Beanspruchungen wie z. B. starken Publikumsverkehr.

- Beläge mit Unterschicht weisen in Abhängigkeit von der Unterschicht zusätzliche Eigenschaften wie beispielsweise einen höheren Trittschallschutz auf.

- Beläge mit profilierter Oberfläche sind typische Gumminoppenbeläge, die eine bessere Trittsicherheit bieten.

Kork-Bodenbeläge (Mehrschichtbeläge)

Beläge aus Kork sind nur bedingt für den Einsatz im Feuchtraumbereich geeignet und bestehen aus unterschiedlich dicken Schichten aus gepresstem und mit Bindemitteln versehenem Korkgranulat, die auch auf einem Trägermaterial aufgebracht werden können. Die Beläge werden hauptsächlich im Wohnbereich eingesetzt, sind fußwarm, antistatisch sowie wärme- und trittschalldämmend.

Für die Verlegung von elastischen Bodenbelägen muss der Untergrund dauerhaft trocken, tragfähig, fest, rissefrei und eben sein. Estriche sind zu spachteln. Bei ungenügender Verbindung des Untergrundes mit der Spachtelmasse oder dem Kleber sind Voranstriche aufzubringen. Je nach Unterboden, Belagsmaterial und Anwendungsbereich unterscheidet man:

- Kunstharzdispersions-Klebstoffe
- Kunstharz-Lösungsmittel-Klebstoffe
- Reaktionsharz-Klebstoffe
- Kunstkautschuk-Klebstoffe

Die Klebstoffe werden in der Regel mit einer Zahnspachtel aufgetragen und das Belagsmaterial vollflächig verklebt. Die einzelnen Verarbeitungsvorschriften der Klebstoffhersteller sind genauestens einzuhalten. Eine teilweise lose Verlegung von elastischen Bodenbelägen ist nur bei geringer Beanspruchung zu empfehlen.

Tabelle 140|3-25: Regelabmessungen von elastischen Bodenbelägen [5]

PVC-Beläge	Belagsdicken: 1,2 bis 5,0 mm Bahnenware: Bahnenbreiten 100 bis 400 cm Plattenware: 30×30 cm bis 90×90 cm, 50×60 cm bis 60×120 cm
Polyolefin-Bodenbeläge	Belagsdicken: 1,5 bis 2,0 mm Bahnenware: Bahnenbreiten 125 bis 200 cm Plattenware: 60×60 cm
Quarzvinyl-Bodenbeläge	Belagsdicken: 2,0 mm Plattenware: 30×30 cm, 30×5 cm bis 30×25 cm
Linoleum-Bodenbeläge	Belagsdicken: 2,0 bis 5,0 mm Bahnenware: Bahnenbreite 200 cm Plattenware: 50×50 cm bis 60×60 cm
Elastomer-Bodenbeläge	Belagsdicken: 1,8 bis 5,0 mm Bahnenware: Bahnenbreite 120 cm Plattenware: 50×50 cm bis 61×61 cm
Kork-Bodenbeläge	Belagsdicken: 4,0 bis 11,0 mm Plattenware: 30×30 cm, 30×60 cm bis 30×90 cm

Textile Bodenbeläge

Durch die ständige Verbesserung der Qualität und der Reinigungsmöglichkeit finden textile Bodenbeläge nicht nur im Wohnbereich, sondern auch im Bereich öffentlicher Gebäude und Geschäftsbauten Anwendung. Für die Klassifizierung gilt wie bei den elastischen Bodenbelägen die ÖNORM EN 10874 [115] (Tabelle 140|3-24).

Tabelle 140|3-26: textile Bodenbeläge – Produkte und Materialien

textile Bodenbeläge			
Polteppiche Tuftingteppiche	Flachteppiche Webteppiche	Wirkteppiche Strickteppiche	Nadelfilzbeläge Nadelvliesbeläge

Ergänzend zur Klassifizierung können bei Bodenbelägen (einige Eigenschaften nur für textile Beläge) noch zusätzliche Eigenschaften hinsichtlich der möglichen Einsatzgebiete und deren Beanspruchungen definiert werden (Tabelle 140|3-27).

Materialien und Verlegung

Die übliche Einteilung von textilen Bodenbelägen erfolgt nach dem Herstellungsverfahren und dem konstruktiven Aufbau. Weitere Unterscheidungen sind auch noch nach der Art und dem Aufbau der einzelnen Fäden möglich.

Polteppiche, Tuftingteppiche
bestehen aus einem Trägermaterial, in das der Faden (Pol) eingenadelt wird, anschließend kann noch eine Rückenbeschichtung angebracht werden. Je nachdem, ob die Polfäden geschlossen bleiben (Schlingenware = Boucle) oder aufgeschnitten werden (Schnittware = Velours), ergibt sich ein unterschiedliches Erscheinungsbild.

Tabelle 140|3-27: Bodenbeläge – Symbole für definierte Eigenschaften

Symbole	Eigenschaft
⚡ ⚡ ⚡ (<10⁶Ω, <10⁹Ω)	Antistatik/elektrisch ableitbar
🔥 🔥 🔥 (A2ₓ-s1, Bₓ-s2, Dₓ-s2)	Brandverhalten
DS ES NPD	Rutschfestigkeit
🚰	Wasserdichtheit
💧 💧💧	Feuchtigkeitsaufnahme
🛁	**Nasszelleneignung:** Bodenbelag ist für die Verlegung in Nasszellen geeignet
♨	**Wärmeleitfähigkeit:** Soll ein Bodenbelag über einer Fußbodenheizung verlegt werden, muss die Wärmeleitfähigkeit unter bestimmten Grenzwerten liegen.
E1 E2 (HCHO)	**Methanol Emission:** Formaldehyd Emission
🪑 🪑	Teppichboden mit Stuhlrolleneignung – privat/gewerblich
🏠 🏢	Teppichboden mit Treppeneignung – Privatbereich/Geschäftsbereich
🧪	**Chemikalienbeständigkeit:** z. B. Seife, Wasserstoffsuperoxid, Oxalsäure, Brennspiritus, Terpentin. Weitere Substanzen können Gegenstand einer Vereinbarung sein.
🎨	Verfärbungsbeständigkeit
👑 👑	**Luxusklasse LC1 bis LC5:** Je mehr Kronen, desto luxuriöser ist der Teppichboden.
☀	Lichtechtheit/Lichtreflektion
🔊 🔊 💿	**akustische Eigenschaften:** Schallabsorption/Trommelgeräusche/Trittschallverbesserung
⬤ ⬇ 🪑	**mechanische Eigenschaften:** Stoßfestigkeit/Resteindruck/Verhalten eines Möbelfußes
👣	**mechanische Eigenschaften:** Abriebwiderstand

Symbole für definierte Eigenschaften von Bodenbelägen.

Flachteppiche, Webteppiche

enthalten Kett- und Schussfäden, die das Grundgewebe bilden. Ergänzend können Polfäden für die Nutzschicht in einem Arbeitsgang eingewebt werden.

Wirkteppiche, Strickteppiche

dienen hauptsächlich als Gestaltungselemente, die vom jeweiligen Nutzer auf dem fertigen Fußboden aufgelegt werden.

Nadelfilzbeläge, Nadelvliesbeläge

bestehen aus einem mechanisch durch Nadeln verfestigten Faservlies. Durch die Anzahl der Nadelungen (3 bis 5) wird die Härte des Materials bestimmt. Es sind ein- oder mehrschichtige Nadelfilze mit einer Vernadelung zwischen Ober- und Unterschicht sowie zweischichtige Nadelfilze auf Trägermaterialien möglich.

Als Faserarten bestehen die beiden großen Gruppen der Naturfasern und der Chemiefasern, wobei auch Fasermischungen produziert werden.

Abbildung 140|3-08: Aufbau textiler Bodenbeläge

| Polteppich Schlingenware | Polteppich Schnittware | Flachteppich | Nadelfilz |

Tabelle 140|3-28: textile Bodenbeläge – Teppichfasern [5]

Teppichfasern (Nutzschicht)				
Naturfasern		Chemiefasern		
pflanzliche Fasern	tierische Fasern	Zellulosefasern	Synthesefasern	sonstige Fasern
– Baumwolle – Jute – Sisal – Kokos	– Wolle – Haare – Seide	– Viskose	– Polyamid – Polyacryl – Polyester – Polypropylen	– Metall – Glas

Die Verlegung der textilen Beläge kann entweder durch vollflächiges Verkleben, Verspannen auf Nagelleisten, örtliche Verklebung mit doppelseitigen Klebebändern oder lose erfolgen. Wie bei den elastischen Bodenbelägen ist auch hier auf die Verträglichkeit des Klebstoffes mit dem textilen Bodenbelag, meist mit dem Material des Rückens, zu achten.

Der Untergrund muss wie bei den anderen Fußbodenmaterialien fest, trocken und frei von Rissen sein und den Anforderungen an die Ebenheit genügen.

- – Zementestriche und Anhydritestriche sind meist saugend und müssen mit einem Voranstrich versehen werden.
- – Kunstharzvergütete Estriche bedürfen bei zu glatter Oberfläche einer Vorbehandlung durch aufrauen und einer Ausgleichsspachtelung.
- – Gussasphaltestriche müssen in Abhängigkeit des Klebersystems mit einem Voranstrich oder einer Spachtelung behandelt werden.
- – Trockenestriche (Spanplatten) sind mit einem Voranstrich zu versehen, auf das Schließen von Löchern aus der Befestigung und Spalten aus Plattenfugen ist zu achten.

Beschichtungen

140|3|8

Durch Beschichtungen werden Oberflächen von Fußböden oder generell Baustoffen gegenüber mechanischen oder chemischen Einwirkungen geschützt. Sie werden vor allem im Industriebau und bei Parkgaragen eingesetzt und bestehen aus Kunstharzen, welche die Oberflächen der Bodenkonstruktion verbessern bzw. vergüten.

Das Anwendungsgebiet reicht dabei von der Staubfreiheit über die Erzielung bestimmter chemischer und physikalischer Eigenschaften bis zur farblichen Oberflächengestaltung.

Beschichtungen werden vor allem im Industriebau und bei Parkgaragen eingesetzt und bestehen aus Kunstharzen.

An Materialien für Beschichtungen kommen dabei Epoxidharze, Polyurethanharze, Methacrylatharze oder Polyesterharze zum Einsatz. Je nach der Schichtdicke kann unterschieden werden in:

- – Imprägnierungen   <0,1 mm
- – Versiegelungen   0,1 - 0,3 mm
- – Beschichtungen   0,3 - 2,0 mm

Imprägnierungen werden hauptsächlich mit Silanen oder Siloxanen realisiert, Versiegelungen und Beschichtungen aus Kunstharzen, in einkomponentiger oder mehrkomponentiger Formulierung. Zumeist ist das Harz und der Härter getrennt – 2K-Fomulierungen, die erst vor Ort ihre Eigenschaften entwickeln und eine rasche Reaktion und damit Weiterbearbeitbarkeit ermöglichen. Reaktionsharze und ihre Dämpfe können die menschliche Gesundheit gefährden, sind leicht entzündbar, feuergefährlich und in höheren Konzentrationen explosiv. Sie können jedoch unter Einhaltung der einschlägigen Vorschriften gefahrlos verarbeitet werden.

Tabelle 140|3-29: Klassifizierung von Oberflächenschutzsystemen – Rili-SIB [53]

Klassen-bezeichnung	Kurzbeschreibung	Mindestschichtdicke	Hauptbindemittelgruppe	Rissüber-brückung
OS 1	Hydrophobierung	–	Silan, Siloxan	nein
OS 2	Beschichtung für nicht begehbare Flächen (vorbeugender Schutz)	80 µm	Mischpolymer, PUR	nein
OS 4	Beschichtung für nicht begehbare Flächen (Instandsetzung)	80 µm	Mischpolymer, PUR	nein
OS 5	Beschichtung für nicht begehbare Flächen mit geringer Rissüberbrückung	300 µm 2000 µm	Polymerdispersion Polymer-Zement-Gemisch	gering
OS 7	chemisch widerstandsfähige Beschichtung 1 mm für mechanisch gering beanspruchte Flächen		EP	nein
OS 8	starre Beschichtung für befahrbare, mechanische stark belastete Flächen	2,5 mm	EP	nein
OS 9	Beschichtung für nicht begehbare Flächen mit erhöhter Rissüberbrückungsfähigkeit	1 mm	PUR, PMMA, modifizierte EP, Polymerdispersion	mittel
OS 10	Beschichtung als Dichtungsschutz unter bituminösen Schutz- oder Deckschichten mit hoher Rissüberbrückungsfähigkeit für befahrbare Flächen	2 mm	PUR	hoch
OS 11a OS 11b	Beschichtung für frei bewitterte, befahrbare Flächen mit erhöhter dynamischer Rissüberbrückungsfähigkeit	4,5 mm (zweischichtig) 4,0 mm (einschichtig)	PUR, modifizierte EP, PMMA	hoch
OS 13	Beschichtung für frei überdachte, befahrbare Flächen mit nicht dynamischer Rissüberbrückungsfähigkeit	2,5 mm (zweischichtig)	PUR, modifizierte EP, PMMA	hoch

Für die Beschichtung von Betonoberflächen wurde in der deutschen Instandsetzungsrichtlinie RiLi-SIB (DAfStb-Richtlinie „Schutz und Instandsetzung von Betonbauteilen") [53] eine Systematisierung von Oberflächenschutzsystemen eingeführt. Diese Systematik ist bis dato aktuell und wurde in die ÖNORM EN 1504 [76] übernommen.

Verbreitet werden für Garagen und Parkdecks OS 11-Systeme eingesetzt – das sind frei bewitterbare Beschichtungen mit erhöhter Rissüberbrückungsfähigkeit für begeh- und befahrbare Flächen. OS 11a ist ein Zweischichtsystem, welches eine höhere Verschleißfestigkeit der Deck-/Verschleißschicht mit einer darunter liegenden weicheren Schwimmschicht mit rissüberbrückender Funktion koppelt. Demgegenüber werden bei dem Einschichtsystem OS 11b beide Funktionen von einer Schicht erfüllt. Dass alle begeh- bzw. befahrbaren Beschichtungen eine mit Abstreukorn versehene Decksicht zur Gewährleistung der Rutschsicherheit aufweisen müssen, ist selbstverständlich.

Je „härter" die Beschichtung eingestellt ist, desto größer sind der mechanische Widerstand und die zu erwartende Dauerhaftigkeit. Die Dehnbarkeit und damit die mögliche Rissüberbrückung verringert sich jedoch – das Risiko von Wasserdurchtritten steigt.

In der einschlägigen Literatur wurden im Parkgaragenbau – wo die Nassbelastung eine wesentliche Beanspruchung darstellt – Beschichtungssysteme den Abdichtungssystemen mehr oder weniger gleichgestellt, was nicht für alle Systeme korrekt ist. Beschichtungen werden im Regelfall auf tragenden Bodenplatten, Decken oder Rampen gemäß den Herstellervorschriften aufgebracht und sind an Stützen und Wänden über eine Hochkehle mindestens 15 cm hochzuziehen. Wesentlich für alle Beschichtungen, aber auch für die Versiegelungen, ist ein geeigneter Untergrund, der sowohl hinsichtlich der

Feuchtigkeit wie auch der Haftzugfestigkeit die Anforderungen der Beschichtungshersteller erfüllt.

Gerade der Punkt „Feuchtigkeit" wird oft unterschätzt, auch nicht „nasse" Flächen können schon so viel Wasser in den Materialporen angelagert haben, dass eine langfristig funktionierende „Verkrallung" der beiden Materialien nicht möglich wird – ein ausreichender Abstand der Oberflächentemperatur von der Taupunkttemperatur ist zu beachten. Die Haftfestigkeit wird durch entsprechende Vorbehandlung wie (optimal) Kugelstrahlen im Kreuzgang oder Fräsen und Schleifen hergestellt. Entsprechende Grundierungen oder Haftbrücken sind nach Herstellervorgaben einzusetzen.

Speziell bei Beschichtungen ist das Thema „Pflege und Wartung" für eine ausreichende Dauerhaftigkeit wesentlich. Durch die Nutzung kommt es immer wieder zu Verschmutzungen, die das Abfließen von Wasser verhindern. Stehendes Wasser durchfeuchtet auch bei sehr feinen Rissen den Beschichtungsaufbau und letztlich auch den Untergrund und führt zu einer rascheren Alterung. Größere Risse oder gar Ablösungen müssen regelmäßig saniert werden, damit eine Durchnässung des Tragbetons und dessen mögliche Korrosion verhindert werden kann. Ausbrüche von Abstreukorn aus der Deckschicht machen den Belag unzulässig glatt und erhöhen das Rutschrisiko. Auch örtliche, lange andauernde Druckbelastungen z. B. durch Motorradständer vermögen die Beschichtung zu beschädigen. Soll eine Beschichtung als Abdichtung herangezogen werden, ist eine Wartungsvereinbarung unabdingbar. Hier haben sich Inspektionsintervalle von 2×jährlich bewährt – je vor und nach der Wintersaison, erkannte Schäden sind zu beseitigen.

Bild 140|3-01

Bild 140|3-02

Bild 140|3-03

Natursteinböden aus Travertin, Hartkalkstein und Granit

Bilder 140|3-01 bis 03

Bild 140|3-04

Bild 140|3-05

Natursteinboden aus Hartkalkstein
Marmor-Intarsienboden

Bild 140|3-04
Bild 140|3-05

Bild 140|3-06

Bild 140|3-07

Bild 140|3-08

Natursteinböden im Außenbereich aus Kristallmarmor und Travertin

Bilder 140|3-06 bis 08

Bild 140|3-09

Bild 140|3-10

Natursteinböden aus Kristallmarmor und Granitpflaster
Natursteinboden aus Quarzit

Bild 140|3-09
Bild 140|3-10

Bild 140|3-11

Bild 140|3-12

Terrasse mit Pflasterklinker und Granitkleinsteinpflaster
Terrassenbelag aus Pflasterklinker

Bild 140|3-11
Bild 140|3-12

Bild 140|3-13

Bild 140|3-14

Bild 140|3-15

Pflasterklinker im Außenbereich mit Stufenausbildungen

Bilder 140|3-13 bis 15

Bild 140|3-16

Bild 140|3-17

Betonplatten mit unterschiedlichen Oberflächenstrukturen

Bilder 140|3-16 und 17

Bild 140|3-18

Bild 140|3-19

Bild 140|3-20

Terrassenböden mit Betonwerksteinen

Bilder 140|3-18 bis 20

Bild 140|3-21

Bild 140|3-22

keramische Beläge im Wohnbereich (Produkte: Keraben) Bilder 140|3-21 und 22

Bild 140|3-23 **Bild 140|3-24** **Bild 140|3-25**

keramische Beläge im Nass- und Sanitärbereich (Produkte: Ragno, Keraben) Bilder 140|3-23 bis 25

Bild 140|3-26 **Bild 140|3-27** **Bild 140|3-28**

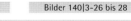

keramische Beläge auf Terrassen im Außenbereich (Produkte: Tagina, Mirage) Bilder 140|3-26 bis 28

Bild 140|3-29 **Bild 140|3-30**

keramische Beläge auf Terrassen im Außenbereich (Produkte: Tagina, Ragno) Bilder 140|3-29 und 30

Bild 140|3-31

Bild 140|3-32

Holzboden in Dielen-Optik, Eiche, astig, gefast, gebürstet
Holzboden in Dielen-Optik, Eiche trüffelgrau, markant, gefast, gebürstet

Bild 140|3-31
Bild 140|3-32

Bild 140|3-33

Bild 140|3-34

Bild 140|3-35

Bild 140|3-36

Holzparkett Oberflächenstrukturen – gebürstet, stark gebürstet, wild gebürstet, reliefgehobelt

Bilder 140|3-33 bis 36

Bild 140|3-37

Bild 140|3-38

Bild 140|3-39

Bild 140|3-40

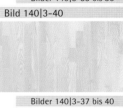

Holzparkett in Eiche, Eiche kerngeräuchert, Buche, Esche

Bilder 140|3-37 bis 40

Bild 140|3-41

Bild 140|3-42

Bild 140|3-43

Bild 140|3-44

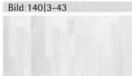
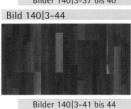

Holzparkett in Kirschbaum, Nussbaum, Bergahorn, Robinie

Bilder 140|3-41 bis 44

Bild 140|3-45

Bild 140|3-46

Holzboden in Dielen-Optik, Nussbaum, gedämpft und Stab-Optik, Esche

Bilder 140|3-45 und 46

Bilder 140|3-31 bis 46: Weitzer Parkett GmbH & Co. KG, Weiz

Bild 140|3-47

Bild 140|3-48

Bild 140|3-49

textile Bodenbeläge im Wohnbereich – Bahnenware und Freiformfliesen   Bilder 140|3-47 bis 49

Bild 140|3-50

Bild 140|3-51

textile Bodenbeläge im Geschäfts- und Bürobereich   Bilder 140|3-50 und 51

Bild 140|3-52

Bild 140|3-53

Bild 140|3-54

elastische Bodenbeläge im Geschäfts- und im Wohnbereich   Bilder 140|3-52 bis 54

Bild 140|3-55

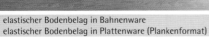

Bild 140|3-56

elastischer Bodenbelag in Bahnenware   Bild 140|3-55
elastischer Bodenbelag in Plattenware (Plankenformat)   Bild 140|3-56

Bild 140|3-57

Bild 140|3-58

| Melan-Bodendielen im Wohnbereich | ©INKU | Bild 140|3-57 |
| Melan-Bodendielen und Teppichfliesen im Wohnbereich | ©INKU | Bild 140|3-58 |

Bild 140|3-59 Bild 140|3-60 Bild 140|3-61 Bild 140|3-62 Bild 140|3-63 Bild 140|3-64

| Oberflächenstrukturen von Vinylböden | ©INKU | Bilder 140|3-59 bis 64 |

Bild 140|3-65

Bild 140|3-66

| Polyurethanharz-Bodenbeschichtung im Museum | ©Sto | Bild 140|3-65 |
| Epoxidharz-Bodenbeschichtung | ©Sto | Bild 140|3-66 |

Bild 140|3-67

Bild 140|3-68

| Bodenbeschichtungen in Garagen | ©Sto | Bild 140|3-67 und 68 |

ARDEX
Systemempfehlungen

SCHAFFT BESTE VERBINDUNGEN

TIPP!

für Verlegungen im Nassbereich:

1. Ausgleichsmasse:
   ARDEX AM 100

2. Abdichtung:
   ARDEX 8+9 / 8+9 L

3. Dichtband / Dichtecken:
   ARDEX SK TRICOM Dichtset

4. Fliesenkleber:
   ARDEX X 77 / ARDEX X 32

5. Fugmaterial:
   ARDEX G6 FLEX 1 - 6

6. Elastisches Fugmaterial:
   ARDEX SE / ARDEX ST

für Parkettverlegung auf neuem Untergrund:

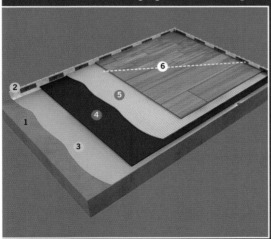

1. Estrich:
   ARDEX A 35 / ARDEX A 35 MIX

2. Randdämmstreifen:
   ARDEX TP 50

3. Grundierung:
   ARDEX P 51 / ARDEX P 52

4. Spachtelmasse:
   ARDEX K 39 / ARDEX K 55

5. Parkettklebstoff:
   **ARDEX PREMIUM AF 460 MS /
   ARDEX PREMIUM AF 480 MS**
   je nach Holzart

6. Bodenbelag:
   Fertigparkett / Holzdielen

Nähere Informationen zu den Produkten von ARDEX finden Sie unter: **www.ardex.at**

Baumit Schnell Estriche

Womit geht es besonders schnell?

Baumit SchnellEstriche

Wenn es darum geht besonders schnell und gleichzeitig besonders stark zu sein, dann sind die Baumit SchnellEstrich die richtige Wahl. Sie sind schneller als alle anderen Estriche und stark genug für fast alle Anforderungen. Durch die speziell entwickelte Baumit Time Saving Technology gelangen Sie mit Sicherheit schneller ans Ziel.

- ■ In 24 Stunden belegereif
- ■ Faserverstärkt & für höhere Beanspruchung
- ■ Ohne Zusatz auch für Heizestriche geeignet

Ideen mit Zukunft.　baumit.com

Eleganz & Leichtigkeit

AirPave
Semmelrock Porcelain
Outdoor Collection

Anspruchsvolles Design in modernem Großformat: das neue AirPave® Feinsteinzeug-Plattenprogramm mit nur 2 cm Plattendicke bringt elegante Leichtigkeit auf Ihre Terrasse. Ihr großzügiges Format schafft ruhige und klare Flächen mit wenigen Fugen. Ideal kombinierbar mit Semmelrock Pflastersteinen und Platten.

Wählen Sie aus zwei verschiedenen Oberflächenstrukturen: PANAMA nacar und PANAMA beige sorgen mit ihrer dezenten Steinstruktur für apartes Flair, ohne sich in den Vordergrund zu spielen. MONARO nocturno und MONARO gris setzen dank feiner Reliefstruktur attraktive Akzente, der leichte Glimmer-Effekt auf der Oberfläche funkelt bei jedem Sonnenstrahl.

- Farbstabil und besonders pflegeleicht
- Trittsicher, abrieb- und rutschfest
- Beständig gegen Frost und Chemikalien
- CE geprüfte Qualität aus Europa

Format: 45 x 90 cm
Plattendicke: 2 cm
Farben:

PANAMA beige · PANAMA nacar · MONARO gris · MONARO nocturno

Semmelrock
stein+design®

DAS WICHTIGSTE ZUM FASSADENBAU:
Systeme, Bauphysik, Faustformeln

2014 | XII, 164 Seiten | 242 Abb. | 24,2 × 16,5 cm
Gebunden* | EUR (D) 29,95
ISBN 978-3-99043-086-6

„Fassaden", Band 13 der Reihe „Baukonstruktionen",
gibt einen strukturierten Überblick zum wichtigen
Thema Fassade und stellt die technischen Grundla-
gen mit Hilfe von Faustformeln, technischen Zeichnungen und Bildmaterial in leicht fasslicher Form dar.
Vom herkömmlichen Fassadenaufbau der Massiv-
wände über hinterlüftete Fassadensysteme, Fertig-
teilfassaden und Sandwichkonstruktionen bis hin zu
modernsten Glaskonstruktionen. Ausgehend von
den bauphysikalischen Grundbedingungen werden
die Fassadentypen und deren differenzierte Varianten
unter Berücksichtigung der neuesten technischen
Entwicklungen aufgearbeitet. Der bautechnische
Teil enthält auch Aspekte der Fassadenwartung und
der Instandhaltung wie z. B. durch Fassaden-
befahranlagen.

Fassadenbau kompakt

**Baukonstruktion und Architektur
der Fassade**

Aktuelle Bauweisen

Mit zahlreichen Abbildungen

*Ebenfalls erhältlich als eBook (PDF und EPUB) und Kombiausgabe (Print + eBook)

birkhauser.com

Fußbodenaufbauten und Details

So vielfältig wie Einsatzgebiete und Anforderungen an Fußbodenaufbauten sein können, sind auch die möglichen Aufbauten. Dennoch hat sich aus technischen Notwendigkeiten und baupraktischer Sicht eine gewisse Standardisierung der Schichten ergeben, sodass die möglichen Kombinationen doch wesentlich eingeschränkt sind. Ein oft diskutiertes Thema ist die Notwendigkeit von Abdichtungen gegen Bauteilfeuchte – vor allem bei dichten oder feuchtigkeitsempfindlichen Belägen. Oft ist infolge der raschen Bauzeit und ungünstiger Witterung der Rohbau zum Zeitpunkt des Innenausbaues noch stark feuchtigkeitsbelastet.

Wohnbau

Eine der wesentlichsten Anforderungen an Böden im Wohnbau ist eine funktionierende Trittschalldämmung, somit sind praktisch immer schalldämmende Schichten als Entkopplung zwischen dem Fußbodenträger und der Deckenkonstruktion vorgesehen. In Nassräumen ist natürlich eine Abdichtung, möglichst nahe an der möglichen Nässequelle, wichtig. Bei Neubauten werden in der Regel Estriche als Tragschichten für die Beläge eingebaut. Die ebenfalls dargestellte Holzunterkonstruktion orientiert sich an historischen Beispielen und wird auch sehr oft in der Sanierung gebaut.

Aufenthaltsräume

Estriche sind die übliche Belagsunterkonstruktion, sie sind vielseitig, leicht anpassbar und ermöglichen im Zusammenspiel mit Massivdecken einen sehr guten Schallschutz. Nachteilig ist aber ihr Gewicht (100 bis 200 kg/m²), ihre Aufbauhöhe, die erforderliche Zeit bis zur Belagsaufbringung wegen Erhärtung und Trocknung und oft die lästigen Verformungen und Rissbildungen. Deshalb werden als Alternative auch Trockenestriche eingebaut, die nur 2 bis 3 cm stark und 20 bis 30 kg schwer sind. Unter diesen Trockenestrichen, bzw. schon darauf appliziert, befinden sich die Trittschalldämmplatten. Über den Unterböden werden die Beläge geklebt oder auch schwimmend verlegt. Bei schwimmender Verlegung ist die Fugenteilung des Untergrundes nur bei tatsächlichen Bewegungsfugen zu berücksichtigen.

Abbildung 140|4-01: Anschlussdetails – Aufenthaltsräume

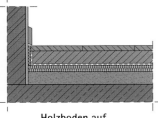 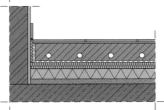 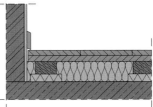

| Holzboden auf Trockenestrich schwimmend | keramischer Belag auf schwimmendem Estrich | Holzboden auf Blindboden |

Randfugen müssen aus schalltechnischen Gründen immer ausgebildet werden. Der einzulegende Randstreifen darf auch nicht direkt über dem Estrich abgetrennt werden, sondern muss auch den Randabstand des Belages gewährleisten. Die Randfuge wird abschließend mit einer Sockelleiste abgedeckt, die an der Wand befestigt, keinen starren Kontakt mit dem Belag aufweisen darf.

Tabelle 140|4-01: Aufbauten Aufenthaltsräume Wohnbereich

Aufenthaltsraum mit Estrich auf Geschoßdecke

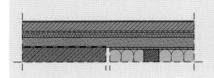

Belag (0,5 bis 2,0 cm)
Estrich (4,5 bis 7,0 cm)
Trennlage
Trittschalldämmung (1,5 bis 4,0 cm)
gebundene Schüttung (≥5,0 cm)
evtl. Diffusionsbremse auf Massivdecke
Geschoßdecke (Massivdecke oder Holzdecke)
Aufbauhöhe ≥11,5 cm

Aufenthaltsraum mit Heizestrich auf Geschoßdecke

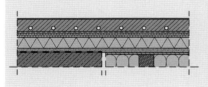

Belag geklebt (0,5 bis 2,0 cm)
Heizestrich mit Nassverlegung (7,0 bis 9,0 cm)
Trennlage
Trittschalldämmung (1,5 bis 3,0 cm)
Wärmedämmung (≥6,0 cm)
evtl. Ausgleichsschüttung (≤2,0 cm)
evtl. Diffusionsbremse auf Massivdecke
Geschoßdecke (Massivdecke oder Holzdecke)
Aufbauhöhe ≥17,0 cm

Aufenthaltsraum mit Holzboden und Polsterhölzern auf Dämmstreifen

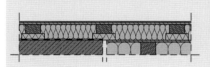

Belag (0,5 bis 2,0 cm)
Blindboden (2,5 cm)
Polsterhölzer auf Trittschalldämmstreifen (≥7 cm)
Wärmedämmung zwischen Polsterhölzer
evtl. Diffusionsbremse auf Massivdecke
Geschoßdecke (Massivdecke oder Holzdecke)
Aufbauhöhe ≥10,0 cm

Aufenthaltsraum mit
Estrich auf
Geschoßdecke

Aufenthaltsraum mit
Heizestrich auf
Geschoßdecke

Aufenthaltsraum mit
Holzboden und
Polsterhölzern auf
Dämmstreifen

Abbildung 140|4-02: Anschlussdetails – Aufenthaltsräume

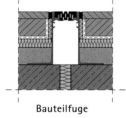 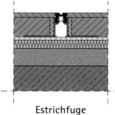 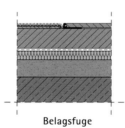

| Bauteilfuge | Estrichfuge | Belagsfuge |

Bewegungs- oder Bauteilfugenprofile werden direkt auf der Rohkonstruktion versetzt und eingerichtet. Dehnfugenprofile für den Estrich werden nur dann verlegt, wenn die Estrichherstellung nicht plangemäß an der Fuge unterbrochen wird, wo dann ein elastischer Streifen vor die Abschalung verlegt wird und die daraus später ausgebildete elastische Fuge mit einem reinen Belagstrennprofil zu überdecken ist.

Bäder und Nassräume

Bei Nassräumen mit stärkerer Wasserbelastung, jedenfalls aber wenn Bodenabläufe vorhanden sind, muss eine wirksame Abdichtung eingebaut werden. Bei feuchtigkeitssensiblen Tragwerken wie Holzkonstruktionen ist eine zweite Abdichtungsebene erforderlich, um die Tragstruktur bei eventuellen Fehlern in der eigentlichen Abdichtung zu schützen (Notabdichtung). Angemerkt werden soll, dass Abdichtungen ohne Wasserablauf und ohne

Gefälle eigentlich immer als Notabdichtungen zu sehen sind und nur einer geringen Nässebeanspruchung ausgesetzt werden dürfen. Sind, wie bei bodenebenen Duschen, jedoch Abläufe und auch ein Gefälle vorhanden, dann sollte auch die Verbundabdichtung direkt entwässert werden.

Tabelle 140|4-02: Aufbauten Bäder und Nassräume

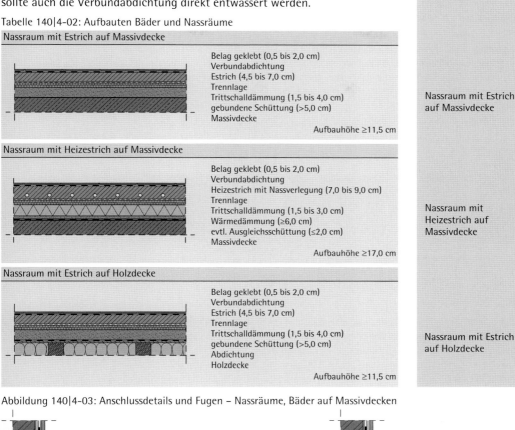

Nassraum mit Estrich auf Massivdecke

Belag geklebt (0,5 bis 2,0 cm)
Verbundabdichtung
Estrich (4,5 bis 7,0 cm)
Trennlage
Trittschalldämmung (1,5 bis 4,0 cm)
gebundene Schüttung (>5,0 cm)
Massivdecke

Aufbauhöhe ≥11,5 cm

Nassraum mit Estrich auf Massivdecke

Nassraum mit Heizestrich auf Massivdecke

Belag geklebt (0,5 bis 2,0 cm)
Verbundabdichtung
Heizestrich mit Nassverlegung (7,0 bis 9,0 cm)
Trennlage
Trittschalldämmung (1,5 bis 3,0 cm)
Wärmedämmung (≥6,0 cm)
evtl. Ausgleichsschüttung (≤2,0 cm)
Massivdecke

Aufbauhöhe ≥17,0 cm

Nassraum mit Heizestrich auf Massivdecke

Nassraum mit Estrich auf Holzdecke

Belag geklebt (0,5 bis 2,0 cm)
Verbundabdichtung
Estrich (4,5 bis 7,0 cm)
Trennlage
Trittschalldämmung (1,5 bis 4,0 cm)
gebundene Schüttung (>5,0 cm)
Abdichtung
Holzdecke

Aufbauhöhe ≥11,5 cm

Nassraum mit Estrich auf Holzdecke

Abbildung 140|4-03: Anschlussdetails und Fugen – Nassräume, Bäder auf Massivdecken

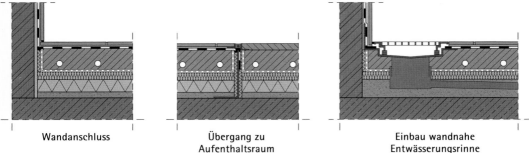

Wandanschluss   Übergang zu   Einbau wandnahe
                       Aufenthaltsraum   Entwässerungsrinne

Wesentlich ist ein Randanschluss, der auch die später entstehenden Differenzverformungen schadenfrei überbrücken kann. Das wird durch die Verwendung von elastischen, doppellagigen Fugenbändern bewerkstelligt, die gemeinsam mit der Schlaufenbildung eine große „Freistellung" über der Fuge ermöglichen, sodass Estrichabsenkungen von bis zu rund 1 cm schadenfrei ertragen werden können. Generell muss bedacht werden, dass auch elastische Verbundabdichtungen wegen ihrer kleinen Schichtdicke nur sehr kleine

Dehnwege ermöglichen und somit zu erwartende größere Differenz-verformungen immer mit Fugeneinlagen auszurüsten sind. Bei Übergängen über Fugen mit dichten Fugenprofilen muss die Verbundabdichtung dicht an diese angeschlossen werden, was aber nur über einen entsprechenden „Anschlussflansch" oder Gleichwertiges funktioniert.

Bei Rinnenanläufen entlang von Wänden sind hier spezielle Ausführungen zu verwenden, die durch aufgekantete Flaschbleche fehlerfreie Anschlüsse ermöglichen. Auf Holzunterkonstruktionen muss die untere Notabdichtung umlaufend derart hochgezogen werden, dass sie mit der Verbundabdichtung zusammengeführt werden kann. Das gilt auch für Übergänge z. B. in andere Räume mit anderen Belägen.

Abbildung 140|4-04: Anschlussdetails und Fugen – Nassräume, Bäder auf Holzdecken

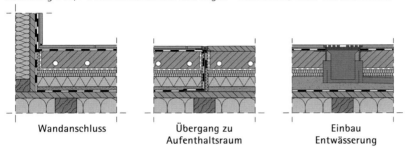

| Wandanschluss | Übergang zu Aufenthaltsraum | Einbau Entwässerung |

Erdberührte Böden

Eine Abdichtung auf der Bodenplatte oder dem Unterbeton ist grundsätzlich keine Abdichtung gegen stauende oder drückende Wässer im Boden, sondern soll nur einen allfällig auftretenden Feuchtigkeitstransport durch Diffusions-strom oder Kapillartransport aus dem Untergrund ins Rauminnere unterbrechen. Weitere Aufbauten inklusive Tragkonstruktion und auch außenseitige Abdichtung bzw. Wärmedämmung siehe Band 6: Keller [9].

Abbildung 140|4-05: Anschlussdetails und Fugen – erdberührte Böden

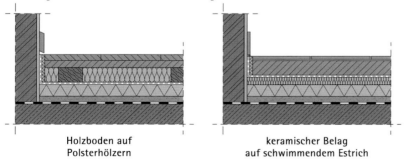

| Holzboden auf Polsterhölzern | keramischer Belag auf schwimmendem Estrich |

Wenn z. B. wegen der kürzeren Bauzeit Trockenestriche Verwendung finden, sollten über der Abdichtung zum Boden keine feuchtesensiblen gipsge-bundenen Bauteile eingesetzt werden, was auch für die Bindemittel der Nass-estriche gilt. Die untere Abdichtung ist an die Mauersperrbahn dicht anzuschließen, weshalb auf eine Abstimmung der gewählten Materialien zu achten ist. Auch wenn keine Lärmbelästigung nach unten möglich ist, sind Trittschalldämmmaßnahmen zu setzen und somit Estriche und Beläge mit Randfuge zu verlegen. Liegt die Wärmedämmung innerhalb der Abdichtung der

Bodenplatte, ist eine Dampfbremse an der warmen Seite der Wärmedämmung anzuordnen und diese dicht an die Wände anzuschließen und auch bei Türen dicht durchzubilden. Für die Dampfbremse gilt dann, dass der Randanschluss eine ausreichende Dehnmöglichkeit aufweisen muss.

Tabelle 140|4-03: Aufbauten erdberührte Böden im Wohnbereich

Aufenthaltsraum mit Estrich auf Bodenplatte/Unterbeton

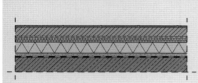

Belag geklebt (0,5 bis 2,0 cm)
Estrich (4,5 bis 7,0 cm)
Dampfbremse als Trennlage
Trittschalldämmung (1,5 bis 3,0 cm)
Wärmedämmung (≥8,0 cm)
evtl. Ausgleichsschüttung (≤2,0 cm)
Abdichtung
Bodenplatte/Unterbeton
Aufbauhöhe ≥16,5 cm

Aufenthaltsraum mit Estrich auf Bodenplatte oder Unterbeton

Aufenthaltsraum mit Heizestrich auf Bodenplatte/Unterbeton

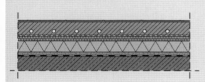

Belag geklebt (0,5 bis 2,0 cm)
Heizestrich mit Nassverlegung (7,0 bis 9,0 cm)
Dampfbremse als Trennlage
Trittschalldämmung (1,5 bis 3,0 cm)
Wärmedämmung (≥8,0 cm)
evtl. Ausgleichsschüttung (≤2,0 cm)
Abdichtung
Bodenplatte/Unterbeton
Aufbauhöhe ≥19,0 cm

Aufenthaltsraum mit Heizestrich auf Bodenplatte oder Unterbeton

Nassraum mit Heizstrich auf Bodenplatte/Unterbeton

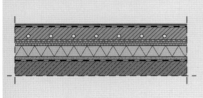

Belag geklebt (0,5 bis 2,0 cm)
Verbundabdichtung
Heizestrich mit Nassverlegung (7,0 bis 9,0 cm)
Trennlage
Trittschalldämmung (1,5 bis 3,0 cm)
Wärmedämmung (≥8,0 cm)
evtl. Ausgleichsschüttung (≤2,0 cm)
Abdichtung
Bodenplatte/Unterbeton
Aufbauhöhe ≥19,0 cm

Nassraum mit Heizstrich auf Bodenplatte oder Unterbeton

Dachböden

Tabelle 140|4-04: Aufbauten von Dachböden (nicht ausgebaut)

Dachboden – Estrich mit Dämmung auf Geschoßdecke

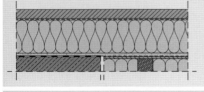

Estrich (≥5,0 cm)
Trennlage
Wärmedämmung (≥18,0 cm)
evtl. Ausgleichsschüttung (≤2,0 cm)
evtl. Rieselschutz bei Holzdecke
Geschoßdecke (Massivdecke oder Holzdecke)
Aufbauhöhe ≥25,0 cm

Dachboden – Estrich mit Dämmung auf Geschoßdecke

Dachboden mit Pflasterung auf Holzdecke (historisch)

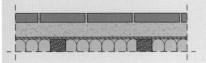

Ziegelpflaster (≥5,0 cm)
mineralische Beschüttung (≥8,0 cm)
Holzdecke
Aufbauhöhe ≥13,0 cm

Dachboden mit Pflasterung auf Holzdecke (historisch)

Unter Dachböden werden hier nicht ausgebaute, belüftete Dachräume über beheizten Räumen verstanden. Die letzte Decke ist auch historisch für den Brandschutz des Hauses gegenüber dem brandgefährdeten (Holz-)Dachstuhl bedeutsam, weshalb sehr oft Ziegelpflaster in Beschüttung als Brandschutz auf den Holzdecken aufgebracht wurden. Heute wird zumeist ein mineralischer Estrich über der Dämmung aufgebracht oder gleich eine Verbundplatte aus Dämmstoff und mineralischer Deckschicht aufgelegt. Dadurch ist auch der gesamte Dachboden begehbar. Frei liegende Faserdämmungen sollten nicht verlegt werden, da dadurch auch ein Durchströmen der Dämmstoffoberseite möglich wird, was zu einer verringerten Dämmwirkung führt. In diesem Fall wären Dämmmatten oder Dämmplatten mit applizierter Windsperre einzusetzen. Bei festen Belägen wird diese Windsperre durch die dicht verlegte Schicht automatisch mit erfüllt. Die Luftdichtigkeit bei Holzkonstruktionen ist durch die innen liegende Dampfbremsschicht oder die Innenschale mit abgeklebten Fugen zu erfüllen.

Balkone und Terrassen

Tabelle 140|4-05: Aufbauten von Balkonen und Terrassen im Wohnbereich

Balkon mit Fliesenbelag geklebt

Belag geklebt (0,5 bis 2,0 cm)
Verbundabdichtung
Spachtelung auf Entkopplungsmatte
Stahlbetonplatte im Gefälle

Aufbauhöhe ≥1,0 cm

Balkon mit Plattenbelag gestelzt

Belag gestelzt (2,5 bis 4,0 cm + Luftschicht)
Schutzlage
Abdichtung
Stahlbetonplatte im Gefälle

Aufbauhöhe ≥3,0 cm

Terrasse mit Umkehrdach und Plattenbelag in Splittbett

Plattenbelag (≥4,0 cm)
Splittbett (≥5,0 cm)
Trennvlies
Wärmedämmung (≥18,0 cm)
Abdichtung
Gefällebeton
Massivdecke

Aufbauhöhe ≥27,0 cm

Terrasse mit Warmdach und Holzbelag

Holzbelag auf Polsterhölzer (≥6,0 cm)
Schutzlage
Abdichtung
Wärmedämmung (≥18,0 cm)
Dampfsperre
Gefällebeton
Massivdecke

Aufbauhöhe ohne Gefällebeton ≥24,0 cm

Balkon mit
Fliesenbelag geklebt

Balkon mit
Plattenbelag gestelzt

Terrasse mit
Umkehrdach und
Plattenbelag in
Splittbett

Terrasse mit
Warmdach und
Holzbelag

Fliesenbeläge auf Balkonen verursachten in der Vergangenheit eine Reihe von Schäden, da einerseits keine Abdichtung hergestellt wurde und andererseits eine zu geringe Verformbarkeit zwischen Untergrund und Belag gegeben war. Deshalb werden hier Entkoppelungsmatten mit oder ohne Abdichtungsfunktion (nicht im Sinne einer normgemäßen Dach- oder Bauwerksabdichtung) und Verbundabdichtungen eingesetzt. Terrassenaufbauten für genutzte Dächer und deren Detailausbildung siehe Band 9: Flachdach [10], Detailausbildungen zu Balkonanschlüssen siehe Band 5: Decken [8].

Büro- und Gewerbebauten

140|4|2

Bürobauten unterscheiden sich im Bodenaufbau oftmals überhaupt nicht von Aufenthaltsräumen in Wohnungen. Nur bei spezialisierten Büroimmobilien werden „maßgeschneiderte" Bodensysteme über Installationsbereichen eingebaut, die dort dann fast die gesamte technische Versorgung der Etagen aufnehmen können.

Noch größer als die Vielfalt der Böden bei Büros sind die Fußboden-konstruktionen bei Gewerbebauten – was wohl auch mit der großen Vielfalt der Anforderungen zusammenhängt. Aspekte aus dem Arbeitnehmerschutz wie „fußwarme Böden" überschneiden sich oft mit Anforderungen aus der Produktion z. B. „befahrbar mit Hubwagen" oder Hygieneanforderungen in Labors. Diese Forderungskataloge entscheiden dann, gemeinsam mit dem verfügbaren Budget, über den Bodenaufbau, wobei bei Regallagern auf die Standfestigkeit bei hohen Punktlasten, bei vielen Fahrvorgängen mit harten Rollen auf die Abriebfestigkeit und generell auf einen möglichst steifen Unterbau geachtet werden muss. Trittschall ist bei Gewerbebauten kein Thema.

Eine Sonderstellung nehmen Verkaufsflächen (z. B. Shopping-Malls) ein, die großflächige, glatte und dennoch rutschfeste, leicht reinigbare, edle und dennoch belastbare Beläge benötigen und wo diese Böden gleichzeitig auch die Heiz- und Kühlfunktion für den Einkaufsbereich erfüllen sollen. Sind Büro-nutzung und Verkaufsnutzung in einem Bauwerk verschachtelt, ist auf eine saubere akustische Trennung – auch hinsichtlich des Körperschalles – besonders zu achten. Verkaufs- und Lagerflächen sollten nach Möglichkeit keine „weichen" Dämmplatten im Bodenaufbau besitzen. Am anderen Ende des Spektrums liegen Labors und dort die Reinräume. Hier sind geschlossene und glatte Oberflächen erforderlich, die sich gut reinigen und desinfizieren lassen. Die hohe chemische Beanspruchung durch die Reinigungsvorgänge ist bei der Wahl der Oberflächengestaltung zu berücksichtigen.

Büroräume

140|4|2|1

Tabelle 140|4-06: Aufbauten von Arbeitsräumen mit Systemböden

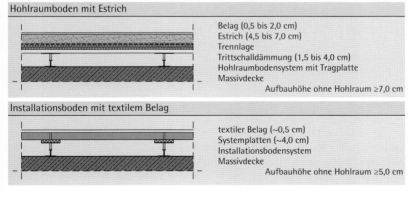

Hohlraumboden mit Estrich

Belag (0,5 bis 2,0 cm)
Estrich (4,5 bis 7,0 cm)
Trennlage
Trittschalldämmung (1,5 bis 4,0 cm)
Hohlraumbodensystem mit Tragplatte
Massivdecke
Aufbauhöhe ohne Hohlraum ≥7,0 cm

Büro –
Hohlraumboden mit Estrich

Installationsboden mit textilem Belag

textiler Belag (~0,5 cm)
Systemplatten (~4,0 cm)
Installationsbodensystem
Massivdecke
Aufbauhöhe ohne Hohlraum ≥5,0 cm

Büro –
Installationsboden mit textilem Belag

Für Großbüros mit hohen Anforderungen an die Strom- und Datenversorgung sowie die Flexibilität in der Büronutzung wurden spezielle Bodensysteme entwickelt, die den Aufwand bei Umbauten verringern sollen. Am flexibelsten sind Installationsböden mit textilen Belägen, die leicht großflächig zu öffnen sind. Echte Hohlraumböden haben schalltechnisch Vorteile und bieten eine günstig wirkende Speichermasse gegen Temperaturschwankungen. Sie sind jedoch weniger leicht an geänderte Anforderungen im Bürogrundriss anzupassen, ähnliches gilt auch für Doppelböden.

Verkaufsräume

Bei den Verkaufsräumen sind auch die Erschließungsflächen in Einkaufszentren erfasst. Diese Flächen sind sehr oft durch Transportfahrzeuge oder Reinigungsgeräte mit hohen Raddrücken und kleinen und harten Rädern beansprucht, was gerade an Belagskanten, an Überzähnen und Fugen zu Bruchvorgängen führen kann.

Wird die Temperierung der Flächen durch Bauteilaktivierung konzipiert, ist die erforderliche Fugenteilung oft mit den Forderungen nach einem möglichst fugenfreien, großflächigen Belag im Widerstreit. Hier ist das Dehnungsverhalten bei größeren Differenztemperaturen unbedingt genau zu untersuchen. Versorgungleitungen können in Kollektoren in der meist ausreichend hohen Beschüttung verlegt werden.

Tabelle 140|4-07: Aufbauten von Verkaufsräumen

Verkaufsraum – erdberührter Boden ohne Wärmedämmung

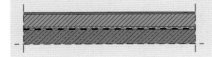

Belag (0,5 bis 3,0 cm)
Estrich (≥7,0 cm)
Trennlage als Gleitschicht
Abdichtung
Bodenplatte/Unterbeton
Aufbauhöhe ≥8,0 cm

Verkaufsraum – erdberührter Boden ohne Wärmedämmung

Verkaufsraum – erdberührter Boden mit Heizestrich

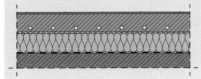

Belag geklebt (0,5 bis 3,0 cm)
Heizestrich mit Nassverlegung (≥9,0 cm)
Dampfbremse als Trennlage
Wärmedämmung (≥8,0 cm)
Abdichtung
Bodenplatte/Unterbeton
Aufbauhöhe ≥18,0 cm

Verkaufsraum – erdberührter Boden mit Heizestrich

Verkaufsraum – Massivdecke mit Estrich

Belag (0,5 bis 3,0 cm)
Estrich (≥7,0 cm)
Trennlage
Trittschalldämmung (1,5 bis 3,0 cm)
gebundene Schüttung (≥5,0 cm)
Massivdecke
Aufbauhöhe ≥14,0 cm

Verkaufsraum – Massivdecke mit Estrich

Estriche auf Gleitlage ermöglichen thermisch induzierte Bewegungen und auch in den Feldteilungen eine gute Lastweiterleitung – auch bei kleinflächigen Belastungen durch Rollen oder Räder. Befahrbare Flächen mit darunterliegenden Trittschalldämmplatten bergen ein erhöhtes Schadenspotential. Gerade wenn bei Stein- oder Fliesenverlegung nur kleine Fugenbreiten gewählt werden, ist – abhängig von den thermischen Beanspruchungen – eine ausreichend enge Teilung der Belagsfelder zu berücksichtigen.

Küchen

Im Unterschied zu den Nassräumen im Wohnbau sind bei gewerblichen Küchen immer ein Bodenablauf und eine zweite Abdichtungsebene erforderlich. Diese zweite, untere Abdichtungsebene sollte ebenfalls ein Gefälle zu den Gullys und dort auch eine Entwässerung aufweisen, was bei der Rohrführung zu beachten ist und eine Sonderlösung für die Lage des Geruchsverschlusses bedingt.

Tabelle 140|4-08: Aufbauten von Küchen

Küche – Estrich auf Bodenplatte/Unterbeton

Belag geklebt (0,5 bis 2,0 cm)
Verbundabdichtung
Estrich (≥7,0 cm)
Trennlage
Ausgleichsschüttung (~8,0 cm)
Abdichtung
Gefällebeton 2 %
Bodenplatte/Unterbeton
Aufbauhöhe ohne Gefällebeton ≥16,0 cm

Küche – Estrich auf Bodenplatte oder Unterbeton

Küche – Massivdecke mit Estrich

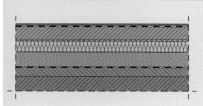

Belag geklebt (0,5 bis 2,0 cm)
Verbundabdichtung
Estrich (≥7,0 cm)
Trennlage
Trittschall-/Wärmedämmung (≥6,0 cm)
evtl. Ausgleichsschüttung (~8,0 cm)
Abdichtung
Gefällebeton 2 %
Massivdecke
Aufbauhöhe ohne Gefällebeton ≥22,0 cm

Küche – Massivdecke mit Estrich

Industriebau

Im Industriebau wird oft direkt auf die, den tragenden Boden bildende Betonplatte eine Oberflächenveredelung aufgebracht – so z. B. durch Hartstoffe. Das ist somit ein einschichtiger Hartstoffestrich als Verbundestrich – „frisch in frisch" eingebaut und mindestens 4 mm dick. Alternativ zur Einbringung in den frischen Tragbeton kann der Verbundestrich auch erst nach dem Erhärten, dann aber nach einer entsprechenden Vorbehandlung des Untergrundes (Strahlen, Haftbrücke) und auf einen ausreichend festen Untergrund (Oberflächenzugfestigkeit ≥1,5 N/mm², C25/30) aufgebracht werden.

Ist eine größere Schichtdicke für den Verbundestrich erforderlich, dann kann dieser zweischichtig mit Übergangsschicht mindestens 25 mm aufgebracht werden. Schwimmende Hartstoffestriche benötigen eine Übergangsschicht von mindestens 80 mm und sind als Estriche jedenfalls C35. Auch hier wird die Hartstoffschicht entweder frisch in frisch oder ab 10 mm Hartstoffschicht auch auf die erhärtete Übergangschicht mittels Haftbrücken aufgebracht.

Beschichtungen von Industrieböden sind den Garagenbeschichtungen aus Epoxidharzen ähnlich (z. B. OS 8), wobei hier die Rissüberbrückung nicht wesentlich ist, da in der Regel keine chloridhaltigen Wässer die Tragbetonstruktur schädigen können. Ableitfähige Beschichtungen können z. B. durch Beimengungen von feinen Edelstahlfasern zum Epoxidharz gebildet werden.

Tabelle 140|4-09: Aufbauten von Werkstätten, Lager

Werkstätte – Betonplatte auf Bodenplatte/Unterbeton

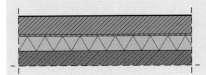

Hartstoffeinstreuung (oder Belag)
Betonplatte (≥10,0 cm)
Trennlage
evtl. druckfeste Wärmedämmung (≥8,0 cm)
Bodenplatte/Unterbeton
Aufbauhöhe ≥18,0 cm

Werkstätte –
Betonplatte auf
Bodenplatte oder
Unterbeton

Werkstätte – Betonplatte auf Gleitschicht

Hartstoffeinstreuung (oder Belag)
Betonplatte (≥10,0 cm)
Trennlage
Massivdecke
Aufbauhöhe ≥10,0 cm

Werkstätte –
Betonplatte auf
Gleitschicht

Garagen

Viele Garagenbauten haben einen Fahrbelag aus Asphalt, wie bei Verkehrsbauten auch üblich. Unter diesem Fahrbelag sollte eine Abdichtung vorhanden sein – die auch durch den Fahrbelag geschützt ist. Dieser Aufbau ist z. B. in der RVS 15.03.2012 bzw. 2013 für Brücken beschrieben. Die Abdichtung ist erforderlich, um die Tragstruktur aus Stahlbeton vor dem Eindringen von schädlichen Chloriden zu schützen, das die Dauerhaftigkeit der Betonstrukturen beeinträchtigt. Diese Wirkung kann man auch durch die Applikation einer hochwertigen, mehrschichtigen Kunstharzbeschichtung erreichen. Die Beschichtungen sind je nach Art der Garagendecke (Tiefgarage, Parkdeck etc.) unterschiedlich aufgebaut. Der Untergrund ist normalerweise Beton (z. B. Verbundestrich), es kann jedoch auch Kunstharzmörtel oder eine solide Asphaltschicht sein. Grundsätzlich sind Parkdeckbeschichtungen ähnlich den Industriebodenbeschichtungen. Wesentlich sind die Wirksamkeit und die Lebensdauer der Abdichtung unter den zu erwartenden Beanspruchungen. Hier sind unter Schutzschichten liegende Abdichtungen vorteilhaft. Weitere Aufbauten siehe Sonderband: Parkhäuser – Garagen [11] oder Band 9: Flachdach [10].

Tabelle 140|4-10: Aufbauten von Garagen

Garage – Abdichtung mit Oberflächenschutz

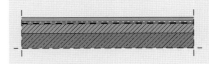

Oberflächenschutz (Asphalt ≥2,0 cm)
Trennlage
Abdichtung
Gefällebeton (Verbundestrich)
Bodenplatte/Massivdecke
Aufbauhöhe ohne Gefällebeton ≥3,0 cm

Garage – Abdichtung
mit Oberflächenschutz

Garage – Beschichtung auf Verbundestrich

Beschichtung (≥0,4 cm)
Verbundestrich im Gefälle (≥2,0 cm)
Bodenplatte/Massivdecke
Aufbauhöhe ohne Gefälleestrich ≥0,5 cm

Garage –
Beschichtung auf
Verbundestrich

Sportböden

Noch in der ersten Hälfte des 20. Jahrhunderts wurde Sport – auch in Europa – vorwiegend auf starren Böden bzw. Belägen betrieben. Das Jahr 1936 kann als der Startpunkt einer Neuorientierung unter dem Aspekt einer Schutzfunktion für den Sporttreibenden angesehen werden. Anlässlich der Olympischen Spiele in Berlin wurde erstmals eine spezielle Sportboden-Konstruktion in Holzbauweise mit dämpfenden Eigenschaften vorgestellt, konstruktiv umgesetzt in Form eines Schwingbodens. Hiermit nahm eine Entwicklung ihren Ausgang, die allerdings lange Zeit auf ein enges Segment von Konstruktionen fokussiert blieb. Erst in den 1960er Jahren begann sich die Sportbodenforschung insbesondere in Mitteleuropa zu einer eigenen Disziplin zu entwickeln, getrieben vom rasanten Aufschwung der Kunststoffentwicklung und -anwendung. In diesem Zeitraum wurden auch grundlegende Beurteilungskriterien und -methoden entwickelt, die eine Spezifizierung von Konstruktionssystemen und Materialien durch entsprechende Standardisierung auf breiter Basis ermöglichten.

Sportboden-Technik seit 80 Jahren

Die Sportbodenforschung nahm in Deutschland, der Schweiz und England ihren Anfang. Institutionen in Österreich hatten sich dieser Entwicklung früh angeschlossen und unternahmen eigene Forschungsaktivitäten [23] [14]. Im Jahr 1980 wurde der Entwicklungsstand zusammen mit einem definierten Anforderungsspektrum und den dazu vorgesehenen Prüftechniken erstmals in einer Richtlinie des Österreichischen Instituts für Schul- und Sportstättenbau (ÖISS) vorgestellt und als Grundlage für die Planung und Ausführung veröffentlicht [44]. 1990 wurde – auf Basis einer 1985 verfassten umfassenden Forschungsstudie, erarbeitet am Österreichischen Kunststoffinstitut (ÖKI) [15] – eine überarbeitete Ausgabe publiziert, welche mehr als 15 Jahre Bestand hatte [49].

Beispiel 140|5-01: Böden in Sporthallen

Die unterschiedlich schnelle Entwicklung der Sportbodenforschung und Sportbodenbewertung in den einzelnen Ländern hatte zur Folge, dass bei Beginn der europäischen Sportboden-Normung um 1988 das Niveau der nationalen Normung in den damals über 20 Teilnehmerstaaten sehr unterschiedlich war. Die rund 18 Jahre später erschienene europäische Norm EN 14904:2006 [125] bildet diese sehr unterschiedliche Sichtweise auch weiterhin ab, die Ausgabe 2006 ist als – mühsam erarbeiteter – kleinster gemeinsamer Nenner zu bezeichnen. Daher finden sich in diesem Papier zum einen nicht alle in einzelnen Ländern bereits bewährte Eigenschaftsbilder und Beurteilungskriterien, zum anderen sind Anforderungsgrenzen entsprechend den Vorstellungen und der Praxis der beteiligten Länder zum Teil deutlich erweitert.

In Österreich findet derzeit überwiegend die zuletzt im Jahr 2005 überarbeitete und aktuell gültige ÖISS-Richtlinie mit dem Ausgabedatum 08/2005 [50] als Regulativ Verwendung, welche in Gliederung, Beurteilung und Bewertung den nationalen Stand der Entwicklung und Bewertung wiedergibt. In dieser Richtlinie sind Elemente der Bewertung enthalten, welche in der EN 14904:2006 [125] keine Aufnahme gefunden hatten, bzw. sind darin wesentliche spezifische Eigenschafen weiter angeführt und mit Anforderungen unterlegt, die für einzelne Bodenkonstruktionen oder Materialien entwickelt wurden. In Deutschland, einem der führenden Länder in der Sportboden-forschung, bildet die – auch international vielfach als Grundlage verwendete DIN V 18032-2 [75] die lange Forschungs- und Bewertungstradition ab. Einzelne internationale Sportorganisationen haben diese Norm als Basis für eigene Anforderungsprofile genutzt.

Basisregulative für Sportböden sind die ÖISS-Richtlinie und die ÖNORM EN 14904.

Die derzeit in der Finalisierung befindliche Neufassung der EN 14904 [125] ist ein fortgeschrittener Kompromiss, welche auch einzelne wesentliche, in der ÖISS-Richtlinie und der DIN bereits enthaltene Bewertungselemente für Sportböden und deren Kategorisierungen neu berücksichtigt. Dadurch nähert sich die EN dem Entwicklungsstand in diesen Ländern an, wenn auch nach wie vor das Spektrum des Leistungsbildes eines Sportbodens – entsprechend der gelebten Praxis in den Ländern Europas – groß bleibt.

Leistungsbild

140|5|1

Das Leistungsbild eines modernen Sportbodens nach der ÖISS-Richtlinie [50] basiert im Wesentlichen auf der Verfügbarkeit einer „Schutzfunktion" („schutzfunktionelle Eigenschaften"), welche einerseits während der Sportausübung, andererseits aber speziell im Falle eines unkontrollierten Sturzes oder extremer Bewegungsabläufe zur Verfügung steht. Ersteres bezieht sich auf die Schonung des Bewegungsapparates, Letzteres auf die Verhinderung unmittelbarer gravierender Verletzungen. Vereinfacht ausgedrückt entsteht durch die konstruktive Ausführung bzw. die Eigenschaften der verwendeten Materialien ein Verformungs- und Reaktionsvermögen, mit welcher der Sportboden auf äußere Kräfte mit vertikaler und horizontaler Kraftkomponente reagiert.

Die Schutzfunktion darf allerdings die ebenfalls im Leistungsbild enthaltene „Sportfunktion" („sportfunktionelle Eigenschaften"), d. h. die Unterstützung in der Sportausübung nicht maßgeblich negativ beeinflussen, d. h. etwa das Ballsprungverhalten oder das Befahren mit Rollen. Grundsätzlich gebührt der Schutzfunktion immer der Vorrang, weil die Sportausübung keinesfalls zu Lasten der Gesundheit gehen darf.

Technische Eigenschaften werden beeinflusst von Schutzfunktion und Sportfunktion.

Die dritte Gruppe des Leistungsbildes wird mit den „technischen Eigenschaften" umrissen. Diese charakterisieren gewissermaßen die Robustheit des Sportbodens und seine Dauerhaftigkeit. Die technischen Eigenschaften sollen sicherstellen, dass der Sportboden den zu erwartenden Beanspruchungen über eine möglichst lange Zeitspanne ohne Änderung seiner sport- und schutzfunktionellen Eigenschaften standhält.

Schutzfunktionelle Eigenschaften

140|5|1|1

Die Eigenschaften „Kraftabbau" und „Gleitreibungskoeffizient" stellen die beiden wichtigsten schutzfunktionellen Sportbodenmerkmale dar. Wenn diese beiden Messwerte die Anforderungen der Regulative erfüllen, wobei die

Anforderungsgrenzen bereits jahrzehntelange Erfahrungen wiederspiegeln, ist die Gefahr einer Verletzung oder einer langfristigen Schädigung des Sportlers als gering einzustufen.

Bei Stoßprozessen beim Laufen und Springen, insbesondere aber auch bei Stürzen, stellt die vertikale Kraftkomponente die auf den Sportboden und auch den Sportler primär einwirkende Belastung dar, welche durch einen elastisch-nachgiebigen Boden „gedämpft" werden soll. Die Dämpfungskapazität wird durch Messung des Kraftabbaues (KA = Kraftabbau bzw. engl. SA = shock absorption) mit einem sogenannten „künstlichen Sportler" (vormals „künstlicher Sportler Berlin", eines der Basisgeräte aus der Anfangszeit der Sportbodenbewertung), der die Stoßkraft eines auf den Sportboden fallenden, abgefederten Gewichtes erfasst. Die maximale Stoßkraft ($F_{max,SB}$) wird zu der höheren maximalen Stoßkraft $F_{max,B}$ bei der gleichen Fallprüfung auf einem starren Untergrund (Referenz: Stahlplatte auf Betonboden) in Beziehung gesetzt. Wenn der Sportboden die maximale Stoßkraft gegenüber dem starren Untergrund auf die Hälfte reduziert, ergibt sich ein Kraftabbau von 50 %. Dieser Wert stellt auch den Mindestwert gemäß der ÖISS-Richtlinie 08/2005 [50] für alle Sportbodensysteme dar.

Die zentrale Bewertungsgröße für die Schutzfunktion bei vertikal einwirkender Kraft ist der Kraftabbau.

$$KA = \left(1 - \frac{F_{max,SB}}{F_{max,B}}\right) \cdot 100$$

(140|5-01)

KA	Kraftabbau	%
$F_{max,SB}$	maximale Stoßkraft am Sportboden	N
$F_{max,B}$	maximale Stoßkraft am starren Boden	N

Beispiel 140|5-02: Versuche mit „künstlichem Sportler"

Kraftabbau   vertikale Verformung

Beispiel 140|5-03: Auswertung Versuche Kraftabbau mit „künstlichem Sportler"

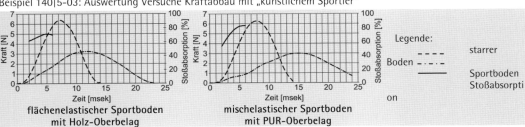

flächenelastischer Sportboden mit Holz-Oberbelag

mischelastischer Sportboden mit PUR-Oberbelag

Legende:
starrer Boden —·—·—
Sportboden ——— Stoßabsorption

Das Beispiel 140|5-03 enthält Auswertegrafiken der Kraftabbaumessung eines flächenelastischen und eines mischelastischen Bodensystems. Der Kraftverlauf über die Zeit verdeutlicht das Verhältnis zum starren Boden und das unterschiedliche Dämpfungsverhalten. Der Kraftabbau KA ist der Maximalwert des gefilterten Signals. Die „Stoßabsorption" wird zunehmend als wichtige Messgröße angesehen, wenn es darum geht, die Eignung von Bodensystemen für bestimmte Anwendungen zu bewerten. Dabei wird das Stoßdämpfungsvermögen eines Sportbodens besser erfasst, als es die Messgröße Kraftabbau (die nach ca. 7-10 Millisekunden erreichte maximale Stoßkraft, ausgedrückt als singulärer Wert) erlaubt.

Die „Stoßabsorption" SA(t) definiert sich als Funktion des Kraftverlaufes über die Zeit, d. h. jener Kraft, die sich bei Messung des Kraftabbaus mit dem „künstlichen Sportler" ergibt. Entsprechend dem Verlauf kann ein Maß für die Ansprechgeschwindigkeit des Sportbodens abgeleitet werden, d. h. man kann darauf schließen, ob der Boden bei Einwirkung einer Stoßkraft rasch oder weniger rasch anspricht. Dabei ist die mitwirkende träge Masse des Sportbodens, die im Stoßprozess beschleunigt werden muss, wesentlich. Vereinfacht ergibt sich bei einer geringen mitwirkenden trägen Masse ein rascheres Ansprechen. Dies ist speziell ein Vorteil (im Sinne der Schutzfunktion) für Sportausübende mit geringem Körpergewicht.

Die Stoßabsorption dient der Bewertung der Bodenreaktion bei Stoßprozessen als Maßstab für die Schutzfunktion.

$$SA(t) = \left(1 - \frac{F_{SB}(t)}{F_B(t)}\right) \cdot 100$$

(140|5-02)

SA(t)	Stoßabsorption	%
$F_{SB}(t)$	Kraft-Zeit-Funktion beim Stoßprozess am Sportboden	
$F_B(t)$	Kraft-Zeit-Funktion beim Stoßprozess am starren Boden	

Die horizontale Kraftkomponente ist in erster Linie Gleitprozessen zuzuordnen. Man erwartet von einem „guten Sportboden" ein ausgewogenes Gleitverhalten, das vor allem die Drehbewegungen des Fußes zulässt, gleichzeitig aber ein unkontrolliertes Ausrutschen verhindert. Diese Eigenschaft einer Bodenoberfläche wird durch Messung des Gleitreibungskoeffizienten µ erfasst, wofür unterschiedliche Messgeräte entwickelt wurden. Die Messgröße µ, ermittelt mit dem Gleitreibungsmessgerät „Stuttgart" aus einer rotierenden Bewegung eines Gleitkörpers, ist ebenfalls eine Entwicklung aus der Anfangszeit der Sportbodenbewertung in Deutschland und muss nach der aktuellen ÖISS-Richtlinie für alle Sporthallenboden-Oberflächen und in jedem Pflegezustand des Sportbodens zwischen 0,40 und 0,70 liegen.

Die zentrale Bewertungsgröße für die Schutzfunktion bei horizontal einwirkender Kraft ist das Gleitverhalten.

Die Verformung des Sportbodens stellt sowohl eine Schutzfunktion dar (etwa im Falle eines Sturzes), nimmt aber auch Einfluss auf die Sportfunktion. Je nach Umfang und Ausmaß der Verformung (kleinräumige bzw. großräumige Verformungsmulde), der absoluten Größe der Verformung an der Belastungsstelle (beschrieben durch den Begriff „vertikale Standardverformung") und der Verformung in einem definierten Abstand zur Belastungsstelle im Verhältnis zur Verformung an der Belastungsstelle (beschrieben durch den Begriff „Durchbiegungsmulde", gemessen in einem Abstand von 45 bis 500 mm: W_{45}, W_{100}, W_{250}, W_{500}), wird die eine oder andere Funktion überwiegen. Für die Schutzfunktion entscheidend ist die Größe der Verformungsmulde, um ein Fixieren des Fußes bei Drehbewegungen zu verhindern. Für die Sportfunktion ist es wesentlich, dass die Verformung des Bodens unter Belastung nicht zu groß wird, da dies nachteilig für alle Arten von Rollsport ist. Die „vertikale Standardverformung" ist die auf eine Stoßkraft von 1500 N bezogene Verformung des Sportbodens in der Fallgewichtsachse.

Die Verformung des Sportbodens dient zur Beschreibung unterschiedlicher Sportbodensysteme.

$$StV = \left(\frac{1500}{F_{max,SB}} \right) \cdot f_{0,max}$$

(140|5-03)

StV	vertikale Standardverformung	mm
$F_{max,SB}$	maximale Stoßkraft am Sportboden	N
$f_{0,max}$	maximale vertikale Verformung in Fallgewichtsachse	mm

Die maximale Tiefe der „Durchbiegungsmulde" beim Prüfprozess in verschiedenen Entfernungen „x" vom Zentrum des Prüffußes wird als Absenkung f_x und die auf die Absenkung im Zentrum des Prüffußes f_0 bezogene Absenkung f_x als relative örtliche Absenkung W_x bezeichnet.

$$W_x = \left(\frac{f_x}{f_0} \right) \cdot 100$$

(140|5-04)

W_x	relative örtliche Absenkung in Entfernung x	%
f_x	maximale Tiefe Durchbiegungsmulde in Entfernung x	mm
f_0	Absenkung im Zentrum des Prüffußes	mm

Wesentlich ist die Einflüsse der Eigenschaften aufeinander anzustimmen, da sich – nicht nur in Bezug auf die Verformung – eine höhere oder bessere Schutzfunktion nachteilig auf die Sportfunktion auswirken kann – und umgekehrt. Ein typisches Beispiel stellen Gymnastik-Spezialböden dar, die mit extrem hoher Verformungskapazität als „gewöhnliche Sportböden" für Allgemeinnutzung völlig ungeeignet sind. Die Bewertungsgrößen Verformung und Kraftabbau werden auch für Klassifizierungszwecke und die Zuordnung zu den verschiedenen Konstruktionsprinzipien verwendet.

Sportfunktionelle Eigenschaften

140|5|1|2

Für eine optimale Ausübung des Sports muss die „Sportfunktion" eines Sportbodens gegeben sein, der Boden also die einwandfreie Ausübung einer Sportart gewährleisten. In Bezug auf die Nutzung für Ballspiele ist das vertikale Ballsprungverhalten, auch als „Ballreflexion" bezeichnet, die zentrale „sportfunktionelle Eigenschaft". Diese Eigenschaft beschreibt die Rücksprunghöhe eines Balles auf einem Sportboden im Verhältnis zu einem starren Boden. Die Prüfung erfolgt mit einem Basketball der aus 1,8 m Fallhöhe auf dem Boden aufprallt. Nach der ÖISS-Richtlinie beträgt der Mindestwert für die Ballreflexion für alle Sporthallenböden 90 % und bedeutet, dass der Ball am Sportboden eine Rücksprunghöhe erreicht, die 90 % jener am starren Boden entspricht.

Die Bewertungsgröße für die Sportfunktion beim Ballsport ist das Ballsprungverhalten.

$$BR = \left(\frac{BR_{SB}}{BR_B} \right) \cdot 100$$

(140|5-05)

BR	vertikaler Ballrücksprung	%
BR_{SB}	Rücksprunghöhe am Sportboden	m
BR_B	Rücksprunghöhe am starren Boden	m

Die schutz- und sportfunktionellen Eigenschaften werden durch drei weitere Bewertungsgrößen komplettiert, die maßgeblichen Einfluss auf die Nutzung nehmen können, den „Glanzgrad" und die „Lichtreflexion" der Sportbodenoberfläche (Kontrast, Helligkeit, Blendungswirkung) sowie die elektrostatischen Eigenschaften („Begehaufladung").

Technische Eigenschaften

Die technischen Eigenschaften des Sportbodens charakterisieren gewissermaßen seine Robustheit und Dauerhaftigkeit. Sie sollen sicherstellen, dass der Sportboden den zu erwartenden Beanspruchungen über eine möglichst lange Zeitspanne ohne Änderung seiner funktionellen Eigenschaften standhält. Typische Beispiele sind die Belastbarkeit bei Einwirkung von ruhenden und dynamischen sowie rollenden Lasten, mit der Forderung nach keiner bzw. einer unmaßgeblichen Veränderung. Diese Eigenschaften sind die „Schlagfestigkeit" (Aufprall kleinformatiger starrer Körper), der „Resteindruck" (verbleibender Eindruck bei statischer Last mit kleiner Belastungsfläche), das „Verschleißverhalten" sowie das „Brandverhalten".

Ergänzend zu den technischen Eigenschaften bestehen Anforderungen an den Feuchtigkeitsschutz der Bodenkonstruktion, die Belastbarkeit mit fahrbaren Geräten (ÖNORM S 4616 [131]), die Ebenheit, an die Ausführung von Bodenöffnungen, allfällig einbaute Fußbodenheizungen und die Pflege der Böden (ÖISS-Pflegerichtlinie für Sporthallenböden [51]).

Robustheit und Dauerhaftigkeit sollen eine möglichst lange Zeitspanne der Eigenschaften gewährleisten.

Systemkategorien

Die Lastverformungs- bzw. Durchbiegungscharakteristik eines Sportbodens ist die Basis für die Einteilung in die vier Systemkategorien auf Basis der ÖISS-Richtlinie [50]. Ausgehend vom „flächenelastischen" System wurde zunächst das „punktelastische" System entwickelt, gefolgt von Systemen, welche positive Merkmale dieser Systeme verstärken und Nachteile verringern sollten – das „mischelastische" System und das „kombiniertelastische" (oder „kombielastische") System.

Abbildung 140|5-01: Sportboden – Systemkategorien [50]

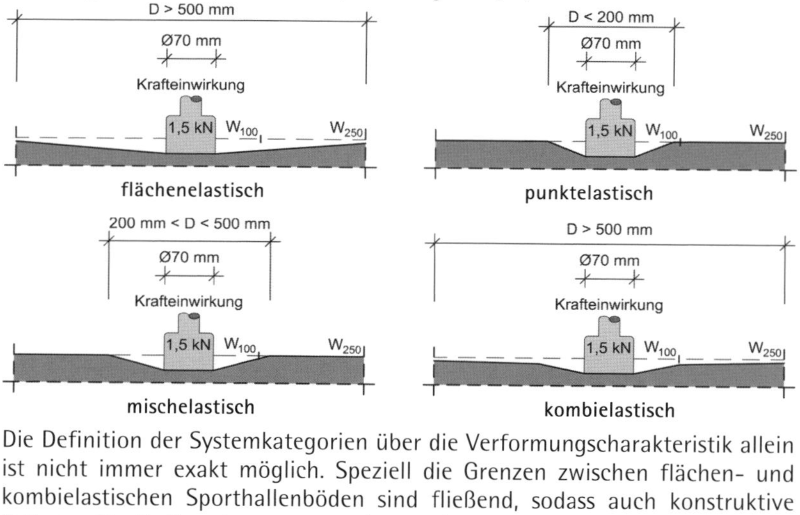

Die Definition der Systemkategorien über die Verformungscharakteristik allein ist nicht immer exakt möglich. Speziell die Grenzen zwischen flächen- und kombielastischen Sporthallenböden sind fließend, sodass auch konstruktive Kriterien für die Zuordnung verwendet werden.

Flächenelastische Böden

„Flächenelastische Sportböden sind nachgiebige, biegesteife Böden. Sie haben die charakteristische Eigenschaft, bei punktförmiger Belastung an der Oberfläche eine großflächige Verformungsmulde zu bilden, die den

Umfang der unmittelbar belasteten Fläche erheblich überschreitet. Sie bestehen aus einer systemelastischen Konstruktion oder einer elastischen Schicht mit biegesteifer Lastverteilungsschicht und Oberbelag." [50]
- Radius der Verformungsmulde >250 mm, W_{250} ≥1 % (in der Regel überschreitet der Radius der Verformungsmulde auch den Wert von 500 mm)
- Radius der Verformungsmulde 500 mm, W_{500} <20 %

Punktelastische Böden
„Punktelastische Sporthallenböden sind Böden mit biegeweicher Oberfläche. Sie haben die charakteristische Eigenschaft, bei Belastung eine an die Form der Belastungsfläche angepasste Verformungsmulde zu bilden, die den Umfang der unmittelbar belasteten Fläche nur geringfügig überschreitet. Sie bestehen in der Regel aus einer ein- oder mehrlagigen elastischen Schicht, einer biegeweichen lastverteilenden Verstärkungsschicht und einem organischen Oberbelag." [50]
- Radius der Verformungsmulde <100 mm, W_{100} = 0 % (messtechnisch bewertet mit ≤1 %)
- Radius der Verformungsmulde 45 mm, W_{45} ≥20 %

Mischelastische Böden
„Mischelastische Sporthallenböden sind Böden, die weder so biegeweich sind wie punktelastische, noch so biegesteif wie flächenelastische Sporthallenböden. Sie bestehen in der Regel aus einer elastischen Schicht, einer mittelsteifen Lastverteilungsschicht und einem organischen Oberbelag. Der Durchmesser der Verformungsmulde liegt zwischen jenem der punktelastischen und jenem der flächenelastischen Sporthallenböden." [50]
- Radius der Verformungsmulde zwischen 100 und 250 mm, W_{100} ≥1 %, W_{250} = 0 % (messtechnisch bewertet mit ≤1 %)
- Radius der Verformungsmulde 45 mm, W_{45} ≥65 %

Kombielastische Böden
„Kombielastische Sporthallenböden sind Böden, die aus einer flächenelastischen Unterkonstruktion und einer darauf liegenden punktelastischen bzw. mischelastischen oberen Konstruktionsteil bestehen. Sie haben die charakteristische Eigenschaft, bei Belastung eine großflächige und zusätzlich in dieser eine der Form der Belastungsfläche angepasste kleinflächige Verformungsmulde zu bilden." [50]
- Radius der Verformungsmulde >250 mm, W_{250} ≥1 % (Die Anforderung W_{500} ≤10 % besteht zwar nur für diesen Bodentyp, kann grundsätzlich aber auch vom flächenelastischen Boden erreicht werden. Die klare Abgrenzung gegen den flächenelastischen Sporthallenboden ist nur über die zusätzliche Beschreibung der Konstruktion möglich.)
- Radius der Verformungsmulde 500 mm, W_{500} <10 %

Anforderungen an Sporthallenböden

140|5|3

Ergänzend zu den in Tabelle 140|5-01 bis Tabelle 140|5-03 angeführten Eigenschaften gemäß ÖISS-Richtlinie sind in dieser noch zusätzliche Regelungen sowie Bestimmungen für den Prüfnachweis bzw. für die Bewertung der Böden enthalten [50].

Die angedeutete Kritik an der europäischen Norm EN 14904 [125] soll nicht darüber hinwegtäuschen, dass diese Norm einen wichtigen Schritt in der internationalen Normung auf dem Gebiet von Böden und Belägen für die

Sportausübung bedeutet. Sie ist eine mandatierte Norm und sieht eine CE-Kennzeichnung vor. Dennoch sei festgehalten, dass weiterhin vorliegende nationale Regulative aber auch aktuelle Forschungen auf dem Gebiet von Sporthallenböden für Anwender in mancher Hinsicht wesentlich mehr Informationen und Nutzen bieten, wenn man sich mit dieser Thematik auseinandersetzt.

Tabelle 140|5-01: Anforderungen an Sportböden nach ÖISS-Richtlinie auf Basis der Systemkategorien – Gesamtsystem [50]

Sportböden	flächenelastisch	mischelastisch	kombielastisch	punktelastisch
Kraftabbau bei Fallhöhe 55 mm	≥50 %	≥50 %	≥50 %	≥50 %
Standardverformung	≤6 mm, ≥2,3 mm	≤3,7 mm, ≥2,3 mm	≤6,5 mm, ≥2,8 mm	≤3 mm
Ballreflexion	≥90 %	≥90 %	≥90 %	≥90 %
Resteindruck	–		≤0,5 mm	
Durchbiegungsmulde:				
W$_{500}$ (Anforderung)	≤20 %	–	≤10 %	–
W$_{250}$ (Definition)	≥1 %	≤1 %	≥1 %	–
W$_{100}$ (Definition)	–	≥1 %	–	≤1 %
W$_{45}$ (Anforderung)	–	≥65 %	–	≥20 %
Belastbarkeit (VRL) 1,5 kN	keine maßgebliche Schädigung bzw. Verformung erkennbar			
Belastbarkeit (VSL) 5 kN	keine Schädigung		keine Schädigung	
Schlagfestigkeit	siehe: Qualitäts-anforderungen an Holz und Versiegelung			
– neu			15 Nm	
– nach Alterung			10 Nm	
oberer Teil des kombielastischen Konstruktionssystems:				
Standardverformung	–	–	≥0,8 mm	–
Dickenfaktor	–	–	≥5	–
Brandverhalten Gesamtsystem	mind. D$_{fl}$ – s1			

Tabelle 140|5-02: Anforderungen nach ÖISS-Richtlinie an den Oberbelag „Holz (fertig behandelt)" [50]

Nutzschichtdicke d für Parkett auf Schwingriegelkonstruktion genagelt oder geschraubt:	
– Massivholz-Parkettstäbe gemäß ÖNORM EN 13226	d ≥9,0 mm
– Mehrschichtparkettelemente gemäß ÖNORM EN 13489	d ≥7,0 mm
Nutzschichtdicke d für Parkett auf Druckverteilerschicht geklebt:	
– Mehrschichtparkettelemente gemäß ÖNORM EN 13489	d ≥4,0 mm
– Mosaikparkettelemente gemäß ÖNORM EN 13488	d ≥7,0 mm
Gleitreibungsbeiwert	0,4 – 0,7
Lichtreflexionsgrad	≥20 %
Glanzgrad	≤45 %
Qualitätsanforderungen an die Versiegelung	
– Verformbarkeit	I
– Kratzfestigkeit	1,0
– Haftfestigkeit	≤1
– Chemikalienbeständigkeit	1B
– Identifikation	chemisch-technische Beschreibung
– Dicke	≥60/80 µm (in Abhängigkeit der Bindemittelbasis)
Brinellhärte des Holzes	≥25
Brandverhalten	mind. D$_{fl}$ – s1

Tabelle 140|5-03: Anforderungen nach ÖISS-Richtlinie an den Oberbelag „andere Materialien" [50]

Oberbelag	flächenelastisch	mischelastisch	kombielastisch	punktelastisch
Verschleißverhalten, Haltbarkeit	Verschleißgruppe M			
Zugfestigkeit	–	–	Messwert ist anzugeben	
Bruchdehnung	–	–	Messwert ist anzugeben	
Gleitreibungsbeiwert	0,4 bis 0,7			
Lichtechtheitsstufe	≥6			
Lichtreflexionsgrad	≥20 %			
Glanzgrad	≤30 %			
Brandverhalten	mind. D$_{fl}$ – s1			
Begehaufladung	≤2 kV			
Maßänderung	höchstens ±0,25 %		höchstens ±0,15 %	
Chemikalienbeständigkeit	1B			

Eine der Ursachen hierfür ist auch im Performance-Concept dieser Norm begründet, wonach es nicht wesentlich ist, wie der Sportboden aufgebaut ist, sofern er nur einwandfrei funktioniert. Das bedeutet unter anderem, dass viele allgemeine materialspezifische Qualitätsanforderungen nicht aufscheinen, wie z. B. Schichtdicken (als eine wesentliche Einflussgröße) oder etwa die Versiegelungsqualität bei Holzoberbelägen.

Die angedeutete Kritik an der europäischen Norm EN 14904 in der derzeit gültigen Fassung 2006 [125] soll nicht darüber hinwegtäuschen, dass diese Norm einen wichtigen Schritt in der internationalen Normung auf dem Gebiet von Böden und Belägen für die Sportausübung bedeutet hat. Sie ist eine mandatierte Norm und sieht eine CE-Kennzeichnung vor, mit der Deklarierung folgender „wesentlicher Eigenschaften" für das Gesamtsystem: Brandverhalten, Emission von Formaldehyd, Gehalt an Pentachlorphenol, Freisetzung anderer gefährlicher Stoffe, lineare Reibung, Kraftabbau, Beständigkeit gegen eine rollende Last und gegen Verschleiß. Dennoch sei festgehalten, dass weiterhin vorliegende nationale Regulative aber auch aktuelle Forschungen auf dem Gebiet von Sporthallenböden für Anwender in mancher Hinsicht wesentlich mehr Information und Nutzen bieten, wenn man sich mit dieser Thematik auseinandersetzt.

Die ÖNORM EN 14904 sieht eine CE-Kennzeichnung mit der Deklarierung für das Gesamtsystem vor.

Wesentlich ist vor allem die Beurteilung der Dämpfung der Sportboden-konstruktion. Während die EN 14904 [125] in einer Bandbreite von vier Sportbodenklassen je nach der Größenordnung von Kraftabbau und Standardverformung einen Kraftabbau zwischen 25 und 75 % zulässt, sieht die ÖISS-Richtlinie [50] einen Mindestwert des Kraftabbaues von 50 % speziell aus schutzfunktioneller Sicht als unverzichtbar an.

Die in der Finalisierung befindliche Neufassung der EN 14904 [125] wird betreffend der Bewertung und Kategorisierung von Bodensystemen nach dem Kraftabbau und der Standardverformung eine – wenn auch nur informative – Annäherung an die Bestimmungen der ÖISS-Richtlinie enthalten. Die große Bandbreite des zulässigen Kraftabbaus (wesentliche Eigenschaft) bleibt hingegen unverändert bestehen. Eine neue – ebenfalls informative – Klassifizierung in einem Teil der Norm (typische Werte für Kraftabbau und Standardverformung) wird allerdings eine Zuordnung zu Klassen ermöglichen, welche die derzeit in der ÖISS-Richtlinie und der DIN geforderten Anforderungswerte in ausgewählten Klassen abbildet.

Tabelle 140|5-04: Vergleich des Eigenschaftsbildes nach ÖISS-Richtlinie [50] und EN 14904 [125] (ausgewählte Eigenschaften)

Eigenschaften	Anforderungen nach	
	ÖISS-Richtlinie 08/2005	EN 14904: 2006
Kraftabbau	≥50 %	25 – 75 % (EN informativ: Typen 3 und 4: Bandbreite ≥45 bis <75 %)
Standardverformung	≥2,3 / ≤6 mm verschiedene Bandbreite bei den einzelnen Systemen	<5 mm (EN informativ: Typ 3 und 4: Bandbreite ≥1,8 bis <5,0)
Gleitreibung	0,4 – 0,7 (Methode Stuttgart)	80 – 110 (Methode EN 13036-4)
Ballreflexion	min. 90 %	
Belastung mit rollender Last	keine Schäden	keine Schäden, max. 0,5 mm Spaltweite unter einem 300 mm Lineal

Bodenkonstruktionen

Wie dargestellt, besitzt insbesondere die Messgröße „Stoßabsorption" eine hohe Aussagekraft, was die Wahl eines Bodensystems für bestimmte Anwendungen betrifft. Die Sportbodenkonstruktion sollte sich in der Allgemeinanwendung (z. B. Schul- und Vereinssport) an Nutzern mit geringem Körpergewicht orientieren, d. h. bei dynamischer Belastung so verhalten, dass auch bei geringer Stoßkraft eine hohe Schutzfunktion zur Verfügung steht. Dies wird vom punktelastischen Bodensystem zwar am besten erfüllt, allerdings bestehen Einschränkungen aufgrund des Verformungsverhaltens, welche das misch-elastische System vermeidet.

Ein flächenelastischer Boden besitzt je nach Konstruktionsart eine deutlich höhere mitwirkende träge Masse und spricht dadurch insgesamt langsamer und vor allem auch vielfach gewichtsspezifisch unterschiedlich an (Kinder oder Erwachsene), er ist daher insgesamt „erwachsenenfreundlicher". Um auch bei diesem Bodensystem eine bessere Schutzfunktion zu erzielen, ist eine Verkleinerung der zu bewegenden Bodenmasse notwendig, wie sie moderne „Sandwich"-Konstruktionen aufweisen.

Das kombielastische System ist ein ideales System für eine breite Nutzergruppe, hat aber aufbaubedingt durch die größere Anzahl an Schichten Nachteile in der Herstellung und den Gestehungskosten.

Den für alle Benutzer und Sportarten „gleich guten" Sporthallenboden gibt es trotz einer heute vorliegenden großen Anzahl unterschiedlicher Bodensysteme und Bodenaufbauvarianten nicht. Die Wahl des „richtigen" Sporthallenbodens muss daher die spätere Nutzung, zumindest aber die Nutzungsschwerpunkte, als Grundlage berücksichtigen (Vereinsnutzung, Schwerpunktnutzung, Allgemeinnutzung). Für den Leistungssport gelten naturgemäß spezielle Regeln.

Flächenelastische Konstruktionen

Tabelle 140|5-05: Aufbauten flächenelastischer Sportböden

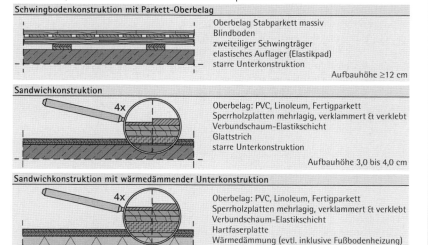

Schwingbodenkonstruktion mit Parkett-Oberbelag

Oberbelag Stabparkett massiv
Blindboden
zweiteiliger Schwingträger
elastisches Auflager (Elastikpad)
starre Unterkonstruktion
Aufbauhöhe ≥12 cm

Sandwichkonstruktion

4x

Oberbelag: PVC, Linoleum, Fertigparkett
Sperrholzplatten mehrlagig, verklammert & verklebt
Verbundschaum-Elastikschicht
Glattstrich
starre Unterkonstruktion
Aufbauhöhe 3,0 bis 4,0 cm

Sandwichkonstruktion mit wärmedämmender Unterkonstruktion

4x

Oberbelag: PVC, Linoleum, Fertigparkett
Sperrholzplatten mehrlagig, verklammert & verklebt
Verbundschaum-Elastikschicht
Hartfaserplatte
Wärmedämmung (evtl. inklusive Fußbodenheizung)
Ausgleichsschüttung
starre Unterkonstruktion
Aufbauhöhe ~16 cm (inkl. 12 cm WD)

Flächenelastische Sportböden bieten als wesentlichen Vorteil eine sehr gute Stand- bzw. Trittsicherheit und eine sehr gute mechanische Belastbarkeit. Dies kommt sowohl bei Belastung durch Rollen als auch bei statischer Last zum Ausdruck. Diese Böden sind daher speziell für Rad- und Rollsport gut geeignet.

Nachteilig wirkt sich die verzögerte Nachgiebigkeit bei dynamischer Belastung aus. Bei Verwendung von Holzoberbelägen kommt eine vergleichsweise große Oberflächenhärte hinzu sowie – konstruktionsspezifisch – allfällige Dröhneffekte (besonders bei Schwingkonstruktionen ohne spezielle Antidröhnvorkehrungen).

Bei großen Flächen sind bei Verwendung von Holzoberbelägen die Holzqualität und insbesondere das Raumklima zu beachten (feuchtigkeits- und temperaturbedingte Formänderungen von Holz).

Flächenelastische Sportbodensysteme sind dauerhaft und robust.

Beispiele für diese Konstruktionsform sind Schwingböden mit Massiv-Stabparkett-Oberbelag, aufgebaut auf Blindboden und Schwingträgerelementen, sogenannte „systemelastische Konstruktionen" bzw. „Sandwich"-Konstruktionen mit Mehrschicht-Fertigparkett-Oberbelag oder anderen Oberbelägen auf einer in der Regel vollflächigen Lastverteil- und vollflächigen Elastikschicht.

Beispiel 140|5-04: Schwingbodenkonstruktion mit Parkettoberbelag

Beispiel 140|5-05: Sandwichkonstruktion mit Parkett-, PUR-, Linoleumoberbelag

Punktelastische Konstruktionen

140|5|4|2

Die Konstruktionsform „punktelastischer Sportboden" ist ähnlich aufgebaut wie die mischelastische Bauform, mit einer weniger starr ausgeführten Lastverteilschicht. Punktelastische Sporthallenböden werden heute deutlich weniger oft ausgeführt, obgleich sie über längere Zeit neben flächenelastischen Systemen ein sehr erfolgreiches Sportbodensystem waren. Grund dafür ist die vergrößerte Zahl an alternativen Systemen, welche die ungünstigen Eigenschaften von punktelastischen Böden vermeiden.

Punktelastische Sportbodensysteme weisen eine hohe Schutzfunktion bei geringer Belastung auf.

Im allgemeinen Sportbetrieb ist der wesentliche Nachteil die geringere Standsicherheit und die mögliche Teilfixierung des Fußes bei Gleit- und Drehbewegungen. Bevorzugt finden sich derartige Böden daher derzeit bei Verwendung durch Nutzergruppen, wo die große Nachgiebigkeit am Belastungspunkt auch bei kleiner Belastung und das rasche Ansprechverhalten speziell gefragt sind, so z. B. in Volksschulen und Kindergärten sowie

Rehabilitationseinrichtungen. Eine ausreichende sportfunktionelle Eignung für den Rad- und Rollsport ist in der Regel nicht gegeben.

Tabelle 140|5-06: Aufbauten punktelastischer Sportböden

punktelastische Bodenkonstruktion mit PVC-Oberbelag

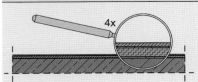

Oberbelag PVC mehrschichtig
PUR-Lastverteilung mit Gewebeeinlage
PE-Elastikschicht
Glattstrich
starre Unterkonstruktion

Aufbauhöhe ~1,8 cm

Mischelastische Konstruktionen

Mischelastische Sportböden weisen – in moderner Ausführung – keine ausgeprägten Vor- und Nachteile auf. Sie wurden als Mischtyp von flächen- und punktelastischen Konstruktionen so konzipiert, dass sie wesentliche Nachteile dieser beiden Sporthallenbodenarten vermeiden.

So ist das Ansprechen bei Belastung schneller als bei flächenelastischen Konstruktionen, andererseits weisen sie eine größere Oberflächensteifigkeit als punktelastische Bodensysteme auf und verringern so die Gefahr einer mangelnden Trittsicherheit und freien Drehbarkeit des Fußes.

Mischelastische Sportbodensysteme sind der Allround-Boden.

Tabelle 140|5-07: Aufbauten mischelastischer Sportböden

mischelastische Bodenkonstruktion mit PUR-Oberbelag

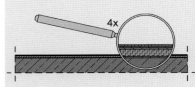

Oberbelag PUR-Beschichtung mit PUR-Versiegelung
PUR-Weichbeschichtung
Laminat Hartbeschichtung mit eingebettetem Glas-Roving-Gewebe
PE-Elastikschicht
Glattstrich
starre Unterkonstruktion

Aufbauhöhe ~1,5 cm

mischelastische Bodenkonstruktion mit Linoleum-Oberbelag

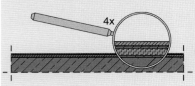

Oberbelag Linoleum
Laminat Hartbeschichtung mit eingebettetem Glas-Roving-Gewebe
PE-Elastikschicht
Glattstrich
starre Unterkonstruktion

Aufbauhöhe ~1,7 cm

Beispiel 140|5-06: Mischbodenkonstruktionen mit PUR- und Linoleumoberbelag

Die Eignung für Rad- und Rollsport ist abhängig von der Spezifikation des Oberbelages und der Steifigkeit der Lastverteilschicht, sie ist daher im Einzelfall zu bewerten. Beispiel für diese Konstruktionsform ist ein Oberbelag in Form einer PUR-Beschichtung, Linoleum oder PVC, eine PUR-basierende Lastverteilschicht und eine vollflächige Elastikschicht. Die einzelnen Komponenten sind miteinander vollflächig verklebt.

Kombielastische Konstruktionen

140|5|4|4

Die kombielastischen Sportböden wurden als eine weitere Form einer „Mischung" von flächen- und punktelastischen Böden entwickelt. Der Namensteil „kombi" weist bereits auf die Konstruktionsphilosophie hin, eine Kombination beider Bodenarten bzw. Verformungscharakteristika. Vermieden werden sollen die Nachteile des flächenelastischen und punktelastischen Systems, eine sehr große und tiefe Verformungsmulde und ein verzögertes Ansprechverhalten bzw. eine zu kleinräumige, den Fuß fixierende Verformung.

Der spezielle schutzfunktionelle Vorteil des punktelastischen Systems, das rasche Ansprechverhalten, soll hingegen beibehalten werden. Durch die Wirkung zweier elastischer Systeme sind in der Regel eine größere Nachgiebigkeit und damit eine noch bessere Schutzfunktion erreichbar als bei anderen Sporthallenböden. Für Rad- und Rollsport ist die Eignung dieser Sportbodenbauart nicht von vornherein gegeben, sondern wiederum abhängig von der Verformbarkeit des obenliegenden punktelastischen Systems, sie ist daher gesondert nachzuweisen.

Kombielastische Sportbodensysteme vereinen die Vorteile von flächen- und punktelastischen Böden.

Diese Konstruktionsform vereint somit das punktelastische System (oberer Teil der Konstruktion) mit einer flächenelastischen Unterkonstruktion, bestehend aus Lastverteilschicht (z. B. Sperrholzplattenlagen) und Elastikschicht. Die beiden Systemteile sind nicht lose aufeinandergelegt, sondern verklebt (obere Elastikschicht mit Lastverteilschicht der flächenelastischen Unterkonstruktion).

Tabelle 140|5-08: Aufbauten kombielastischer Sportböden

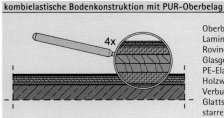

kombielastische Bodenkonstruktion mit PUR-Oberbelag

Oberbelag PUR-Beschichtung mit PUR-Versiegelung
Laminat Hartbeschichtung mit eingebettetem Glas-Roving-Gewebe
Glasgewebeschicht mit PUR-Primer
PE-Elastikschicht
Holzwerkstoffplatten mehrlagig, verklebt
Verbundschaum-Elastikschicht
Glattstrich
starre Unterkonstruktion

Aufbauhöhe ~5,5 cm

Mobile Bodensysteme

140|5|4|5

Mobile Sportbodensysteme sind spezielle Konstruktionen, die zeitlich begrenzt für sportliche Veranstaltungen auf beliebige vorhandene Böden in Räumen aufgelegt werden. Diese mobilen Sportböden werden z. B. für Badminton (Kunststoffboden), Fußball (Fertigparkett) oder Gymnastik eingesetzt.

Für mobile Sportbodensysteme sind die Richtlinien des ÖISS [50] und der ÖNORM B 2608 [86] nicht zwingend anzuwenden. Sie können aber dennoch verbindlich erklärt werden. Wesentlich sind die Fügetechnik und die Passgenauigkeit zur Vermeidung von Spaltenbildung, Unebenheiten und stufenförmigen Kanten.

Sonderkonstruktionen

Die Festlegungen in den Regulativen – ÖISS-Richtlinie [50] und EN 14904 [125] – zielen in erster Linie auf den Schul-, Breiten- und Vereinssport mit allgemeiner sportlicher Nutzung ab, nicht jedoch auf spezielle Anwendungen, wie etwa Hochleistungssport oder auf Sportarten mit speziellen Anforderungen an den Belag. Ebenso ist die vielfach vorgesehene bzw. notwendige Mehrfachnutzung von Sporthallen nur am Rand erwähnt.

Die Ausführung von Sonderkonstruktionen richtet sich spezifisch nach den jeweiligen Randbedingungen, sei es die Belastbarkeit, die Mobilität oder beispielsweise besondere klimatische Bedingungen.

In Hinblick auf eine multifunktionale Nutzung, d. h. für eine alternative Verwendung für nicht sportliche Zwecke z. B. Veranstaltungen, ist die in der Regel eingeschränkte Belastbarkeit des Sportbodenaufbaus, gegenüber anderen Fußbodenaufbauten, zu berücksichtigen. In diesem Zusammenhang wird auf eine unter Umständen notwendige Abdeckung des Sportbodens mit lastverteilenden Platten oder Schutzbelägen hingewiesen.

Für Multifunktionalität oder Spezialität stehen Sonderkonstruktionen zur Verfügung.

Beispiel 140|5-07: Spezialunterkonstruktion für Gymnastik

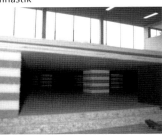

Quellennachweis

Dipl.-Ing. Dr. techn. Anton PECH – Wien (A)
Autor und Herausgeber
Bilder: Titelbild, 140|2-31

Dipl.-Ing. Dr. Franz ZACH – WIEN (A)
Autor

Bmstr. Dipl.-Ing. Walter MÜLLER – WIEN (A)
Autor Kapitel 140|5

Dipl.-Ing. Georg POMMER – WIEN (A)
Fachtechnische Beratung

Eva-Elisabeth PECH, Sebastian PECH, Andreas TRINKO, Dijana TOMIC, Markus BRUCK – WIEN (A)
Layout, Zeichnungen, Grafiken, Bildformatierungen

Dipl.-Ing.(FH) Peter HERZINA – WIEN (A)
Bild: 140|2-02

SCHUBERT STONE GmbH – WIEN (A)
Bilder: 140|3-01 bis 10

Wienerberger Ziegelindustrie GmbH– HENNERSDORF (A)
Bilder: 140|3-11 bis 15

SEMMELROCK International GmbH– WIEN (A)
Bilder: 140|3-16 bis 20

Josef Felbermair Keramik GmbH – GUNSKIRCHEN (A)
Bilder: 140|3-21 bis 30

Weitzer Parkett GmbH & Co KG – WEIZ (A)
Bilder: 140|3-31 bis 46

Vorwerk Austria GmbH & Co. KG – Hard (A)
Bilder: 140|3-47 bis 56

INKU Jordan GmbH & Co. KG – WIENER NEUDORF (A)
Bilder: 140|3-57 bis 64

Sto Ges.m.b.H. – VILLACH (A)
Bilder: 140|3-65 bis 68

Holzbodenauslese Christian Räß – KREUTH (D)
Bild: 140|2-01

Roland STEINHOFER – FH BAU WIEN (A)
Bilder: 140|2-03 bis 05

Richard STEFAN – FH BAU WIEN (A)
Bilder: 140|2-06, 10, 25, 26

Emma CIRT – FH BAU WIEN (A)
Bild: 140|2-07

Jürgen HRUBY – FH BAU WIEN (A)
Bilder: 140|2-08 und 19

Mathias BADER – FH BAU WIEN (A)
Bild: 140|2-09

Sebastian GRÜBL – FH BAU WIEN (A)
Bilder: 140|2-11 bis 18

Andreas BOGOVITS – FH BAU WIEN (A)
Bild: 140|2-20

Tanja ROTTENSTEINER – FH BAU WIEN (A)
Bild: 140|2-21

Deni PENDIC – FH BAU WIEN (A)
Bilder: 140|2-22 bis 24

Roman KAUP – FH BAU WIEN (A)
Bild: 140|2-27

Katarina VASIC – FH BAU WIEN (A)
Bild: 140|2-28

Stefan MÜLLER – FH BAU WIEN (A)
Bilder: 140|2-33 bis 35

Quick Tec GmbH – BERLIN (D)
Bild: 140|2-29

baulinks.de – SCHWERIN (D)
Bild: 140|2-30

Bundesverband Systemböden e.V. – DÜSSELDORF (D)
Bild: 140|2-32

Schlüter-Systems KG – ISERLOHN (D)
Bilder: 140|2-36, 39 bis 41

Blanke GmbH & Co. KG – ISERLOHN (D)
Bilder: 140|2-37, 38

Literaturverzeichnis

FACHBÜCHER

[1] *Fachverband des Deutschen Fliesengewerbes im Zentralverband des Deutschen Baugewerbes:* Richtlinie für Flexmörtel – Definition und Einsatzbereiche. Deutsche Bauchemie, Frankfurt. 2001-06

[2] *Firma MAPEI:* MAPEI Planungshandbuch – Abdichtung im Verbund. MAPEI GmbH, Erlenbach Österreich. 2010

[3] *Firma Sopro:* Der Sopro Planer – Kapitel 3: Verbundabdichtungen mit Fliesen und Platten. Sopro, Freudenstadt. 2001

[4] *Firma Sopro:* Abdichtungen unter Fliesen und Naturstein. Sopro, Freudenstadt. 2009-07

[5] *Frick, Knöll, Neumann, Weinbrenner:* Baukonstruktionslehre Teil 1. Teubner, Stuttgart. 2002

[6] *Grassnik, Holzapfel, Klindt, Niemer, Wahl:* Der schadenfreie Hochbau – Teil 2: Allgemeiner Ausbau und Fassadenbekleidungen. Rudolf Müller, Köln. 1992

[7] *Pech, Kolbitsch, Zach:* Baukonstruktionen Band 2: Tragwerke. Springer-Verlag, Wien. 2007

[8] *Pech, Kolbitsch, Zach:* Baukonstruktionen Band 5: Decken. Springer-Verlag, Wien. 2006

[9] *Pech, Kolbitsch:* Baukonstruktionen Band 6: Keller. Springer-Verlag, Wien. 2006

[10] *Pech, Hubner, Zach:* Baukonstruktionen Band 9: Flachdach. Springer-Verlag, Wien. 2011

[11] *Pech, Jens, Warmuth:* Baukonstruktionen Sonderband: Parkhäuser – Garagen. Springer-Verlag, Wien. 2009

[12] *Pech, Gangoly, Holzer, Maydl:* Baukonstruktionen Sonderband: Ziegel im Hochbau. Birkhäuser, Wien. 2015

[13] *Unger:* Fußbodenatlas – Fußböden richtig planen und ausführen. QUO-VADO AG, Donauwörth. 2004-05

VERÖFFENTLICHUNGEN

[14] *Binder:* Erkenntnisstand bei Sporthallenböden – Spezielle Aspekte der Werkstoffeigenschaften der Kunststoffe, der Physik und Prüftechnik, Schul- und Sportstättenbau. ÖISS, Wien. 1985

[15] *Binder, Fabing, Vukovich:* Forschungsbericht – Das Eigenschaftsbild von Sportböden als Funktion von Messgrößen (Sporthallenböden). Österreichisches Kunststoffinstitut, Wien. 1985

[16] *Erning:* Entkopplungssysteme unter Belägen; Versuchsergebnisse zur Wirkungsweise. IBF, Troisdorf. 2005-05

[17] *Erning, Limp:* Wohin schwimmt der Estrich? – Estrichnorm DIN 18560. IBF, Troisdorf. 2004-07

[18] *Erning, Limp:* Schnellestriche und Trocknungsbeschleuniger – Feuchtebestimmungsmethoden, sinnvolle Forderungen an die Hersteller. IBF, Troisdorf. 2004-07

[19] *Erning, Limp:* Zusatzmittel für schnelle Belegreife Anspruch & Wirklichkeit – Trocknungsbeschleuniger bergen viele Fehlerquellen. IBF, Troisdorf. 2002-06

[20] *Firma Holcim:* Zementestrich nach DIN EN 13813 und DIN 18560. Holcim (Deutschland) AG, Sehnde_Höver. 2005

[21] *Hirm, Buxbaum:* Messungen des Gleitreibungs-Koeffizienten zur Beurteilung des Reibungsbeiwertes von begehbaren Oberflächen. IG/GMG, Klagenfurt. 2014-12-12

[22] *PAVIDENSA – Abdichtungen Estriche:* Fachzeitschrift für Abdichtungen und Estriche. PAVIDENSA, Bern.

[23] *Prokop:* Die Auswirkungen von Kunststoffbahnen auf den Bewegungsapparat. Österreichisches Journal für Sportmedizin, Wien. 1972

GESETZE, RICHTLINIEN

[24] *Bauordnung für Oberösterreich:* LGBl. Nr. 34/2013. Linz. 2013-04-30

[25] *Bauordnung für Vorarlberg:* LGBl. Nr. 29/2011. Bregenz. 2011-06-15

[26] *Bauordnung für Wien:* LGBl. Nr. 64/2012. Wien. 2012-11-05

[27] *Bautechnikgesetz Salzburg:* LGBl. Nr. 32/2013. Salzburg. 2013-04-12

[28] *Beratungsstelle für Unfallverhütung:* Anforderungen an die Gleitfestigkeit in öffentlichen und privaten Bereichen mit Rutschgefahr. BFU, Bern. 2012

[29] *Bundesverband der Unfallkassen:* Bodenbeläge für nassbelastete Barfußbereiche. BUK, München. 1999-07

[30] *Bundesverband der Unfallkassen:* Sicherheitsregeln für Bäder. BUK, München. 2005-06

[31] *Burgenländisches Baugesetz:* LGBl. Nr. 63/2008. Eisenstadt. 2013-02-06

[32] *Buxbaum, Hirm, Hirm:* Rechtssicherheit für Rutschsicherheit. OIB, Wien. 2015

[33] *Deutsche gesetzliche Unfallversicherung:* Betrieb von Bädern. DGUV, Berlin. 2011-06

[34]   *Deutsche gesetzliche Unfallversicherung:* Bewertung der Rutschgefahr unter Betriebsbedingungen. DGUV, Berlin. 2011-01

[35]   *Deutsche gesetzliche Unfallversicherung:* Bodenbeläge für nassbelastete Barfußbereiche. DGUV, Berlin. 2015-06

[36]   *Europäisches Parlament und Rat:* Bauproduktenverordnung 2011: Verordnung (EU) Nr. 305/2011 des Europäischen Parlaments und des Rates vom 9. März 2011 zur Festlegung harmonisierter Bedingungen für die Vermarktung von Bauprodukten und zur Aufhebung der Richtlinie 89/106/EWG des Rates. Europäisches Parlament und Rat, EU. 2011-03-09

[37]   *Firma Sopro:* Merkblatt Schwimmbadbau – Hinweise für Planung und Ausführung keramischer Beläge im Schwimmbad. Freudenstadt. 2012-08

[38]   *GUV I 8527:* Bodenbeläge für nassbelastete Barfußbereiche. Gesetzliche Unfallversicherung, München. 1999-07-01

[39]   *GUV R 181:* Fußböden in Arbeitsräumen und Arbeitsbereichen mit Rutschgefahr. Gesetzliche Unfallversicherung, München. 1994-04-01

[40]   *Hauptverband der gewerblichen Berufsgenossenschaften:* Fußböden in Arbeitsräumen und Arbeitsbereichen mit Rutschgefahr. Carl Heymanns Verlag KG, Köln. 2003-10

[41]   *Informations-Zentrum Beton GmbH:* „Zementestrich" – Zement-Merkblatt Betontechnik B 19. Erkrath. 2015-07

[42]   *IVD-Merkblatt Nr. 14:* Dichtstoffe und Schimmelpilzbefall: Ursachen – Vorbeugung – Sanierung. IVD, Düsseldorf. 2014-11

[43]   *Kärntner Bauordnung:* LGBl. Nr. 64/2013. Klagenfurt. 2013-07-12

[44]   *Künzel:* Der Sporthallenboden – technische Werte. ÖISS, Wien. 1980

[45]   *Niederösterreichische Bauordnung 1996* St. Pölten. 2013-01-30

[46]   *OIB-Richtlinie 2:* Brandschutz. Österreichisches Institut für Bautechnik, Wien. 2015-03-01

[47]   *OIB-Richtlinie 5:* Schallschutz. Österreichisches Institut für Bautechnik, Wien. 2015-03-01

[48]   *OIB-Richtlinie 6:* Energieeinsparung und Wärmeschutz. Österreichisches Institut für Bautechnik, Wien. 2015-03-01

[49]   *ÖISS-Richtlinie:* Anforderungen an Sporthallenböden. ÖISS, Wien. 1990

[50]   *ÖISS-Richtlinie:* Anforderungen an Sporthallenböden. ÖISS, Wien. 2005

[51]   *ÖISS:* Pflege von Sporthallenböden. ÖISS, Wien. 2005

[52]   *Österreichischer Fliesenverband:* Technische Merkblätter des Österreichischen Fliesenverbandes in Zusammenarbeit mit der Berufsgruppe FCIO. Österreichischer Fliesenverband, St. Pölten. 2012-08

[53]   *RILI DAfStb RLSIB 2001-10:* Schutz und Instandsetzung von Betonbauteilen. Deutscher Ausschuss für Stahlbeton - DAfStb, Berlin. 2001

[54]   *Schweizer Plattenverband:* Merkblatt Keramik und Glasmosaik im Schwimmbad- und Wellnessbau. SPV, Dagmersellen. 2011-07-11

[55]   *Steiermärkisches Baugesetz:* LGBl. Nr. 83/2013. Graz. 2013-08-22

[56]   *Tiroler Bauordnung:* LGBl. Nr. 48/2013. Innsbruck. 2013-05-22

[57]   *Verband der österreichischen Estrichhersteller:* Fugen im Estrich. VÖEH, Wien. 2016

[58]   *Villeroy & Boch:* Merkblatt zu Trittsicherheit / Rutschhemmung. Oberösterreich. 2011

[59]   *WKO, VÖEH:* Richtlinie zur Bestimmung der Feuchtigkeit von Estrichen nach der Calciumcarbid-Methode (CM-Methode). Wirtschaftskammer Österreich, Wien. 2015-08

NORMEN

[60]   *DIN 18560:* Estriche im Bauwesen. Deutsches Institut für Normung, Berlin. 2004-04-01

[61]   *DIN 51130:* Prüfung von Bodenbelägen – Bestimmung der rutschhemmenden Eigenschaft – Arbeitsräume und Arbeitsbereiche mit Rutschgefahr – Begehungsverfahren – Schiefe Ebene. Österreichisches Normungsinstitut, Wien. 2014-02-01

[62]   *DIN 51097:* Prüfung von Bodenbelägen – Bestimmung der rutschhemmenden Eigenschaft – Nassbelastete Barfußbereiche – Begehungsverfahren – Schiefe Ebene. Österreichisches Normungsinstitut, Wien. 1992-11

[63]   *DIN 51097:* Prüfung von Bodenbelägen – Bestimmung der rutschhemmenden Eigenschaft – Nassbelastete Barfußbereiche – Begehungsverfahren – Schiefe Ebene. Österreichisches Normungsinstitut, Wien. 2016-04-01 (Normentwurf)

[64]   *DIN 51131:* Prüfung von Bodenbelägen – Bestimmung der rutschhemmenden Eigenschaft – Verfahren zur Messung des Gleitreibungskoeffizienten. Österreichisches Normungsinstitut, Wien. 2014-02

[65]   *DIN EN 13162:* Wärmedämmstoffe für Gebäude – Werkmäßig hergestellte Produkte aus Mineralwolle (MW) – Spezifikation; Deutsche Fassung EN 13162:2012+A1:2015. Österreichisches Normungsinstitut, Wien. 2015-04-01

[66] *DIN EN 13163:* Wärmedämmstoffe für Gebäude – Werkmäßig hergestellte Produkte aus expandiertem Polystyrol (EPS) – Spezifikation; Deutsche Fassung EN. Österreichisches Normungsinstitut, Wien. 2015-04-01

[67] *DIN EN 13164:* Wärmedämmstoffe für Gebäude – Werkmäßig hergestellte Produkte aus extrudiertem Polystyrolschaum (XPS) – Spezifikation; Deutsche Fassung EN 13164:2012+A1:2015. Österreichisches Normungsinstitut, Wien. 2015-04-01

[68] *DIN EN 13165:* Wärmedämmstoffe für Gebäude – Werkmäßig hergestellte Produkte aus Polyurethan-Hartschaum (PU) – Spezifikation; Deutsche Fassung EN 13165:2012+A1:2015. Österreichisches Normungsinstitut, Wien. 2015-04-01

[69] *DIN EN 13166:* Wärmedämmstoffe für Gebäude – Werkmäßig hergestellte Produkte aus Phenolharzschaum (PF) – Spezifikation; Deutsche Fassung EN 13166:2012+A1:2015. Österreichisches Normungsinstitut, Wien. 2015-04-01

[70] *DIN EN 13167:* Wärmedämmstoffe für Gebäude – Werkmäßig hergestellte Produkte aus Schaumglas (CG) – Spezifikation; Deutsche Fassung EN 13167:2012+A1:2015. Österreichisches Normungsinstitut, Wien. 2015-04-01

[71] *DIN EN 13168:* Wärmedämmstoffe für Gebäude – Werkmäßig hergestellte Produkte aus Holzwolle (WW) – Spezifikation; Deutsche Fassung EN 13168:2012+A1:2015. Österreichisches Normungsinstitut, Wien. 2015-04-01

[72] *DIN EN 13169:* Wärmedämmstoffe für Gebäude – Werkmäßig hergestellte Produkte aus Blähperlit (EPB) – Spezifikation; Deutsche Fassung EN 13169:2012+A1:2015. Österreichisches Normungsinstitut, Wien. 2015-04-01

[73] *DIN EN 13170:* Wärmedämmstoffe für Gebäude – Werkmäßig hergestellte Produkte aus expandiertem Kork (ICB) – Spezifikation; Deutsche Fassung EN 13170:2012+A1:2015. Österreichisches Normungsinstitut, Wien. 2015-04-01

[74] *DIN EN 13171:* Wärmedämmstoffe für Gebäude – Werkmäßig hergestellte Produkte aus Holzfasern (WF) – Spezifikation; Deutsche Fassung EN 13171:2012+A1:2015. Österreichisches Normungsinstitut, Wien. 2015-04-01

[75] *DIN V 18032-2:* Sporthallen – Hallen für Turnen, Spiele und Mehrzwecknutzung – Teil 2: Sportböden; Anforderungen, Prüfungen. Österreichisches Normungsinstitut, Wien. 2001-04-01

[76] *EN 1504:* Produkte und Systeme für den Schutz und die Instandsetzung von Betontragwerken – Definitionen, Anforderungen, Qualitätsüberwachung und Beurteilung der Konformität. Österreichisches Normungsinstitut, Wien. 2005-02-01

[77] *ÖNORM B 1991-1-1:* Eurocode 1: Einwirkungen auf Tragwerke – Teil 1-1: Allgemeine Einwirkungen – Wichten, Eigengewicht, Nutzlasten im Hochbau – Nationale Festlegungen zu ÖNORM EN 1991-1-1 und nationale Ergänzungen. Österreichisches Normungsinstitut, Wien. 2011-12-01

[78] *ÖNORM B 2207:* Fliesen-, Platten- und Mosaiklegearbeiten – Werkvertragsnorm. Österreichisches Normungsinstitut, Wien. 2015-01-05

[79] *ÖNORM B 2213:* Steinmetz- und Kunststeinarbeiten – Werkvertragsnorm. Österreichisches Normungsinstitut, Wien. 2013-11-15

[80] *ÖNORM B 2218:* Verlegung von Holzfußböden – Werkvertragsnorm. Österreichisches Normungsinstitut, Wien. 2009-12-01

[81] *ÖNORM B 2232:* Estricharbeiten – Werkvertragsnorm. Österreichisches Normungsinstitut, Wien. 2013-11-15

[82] *ÖNORM B 2236:* Verlegung von Bodenbelägen – Werkvertragsnorm. Österreichisches Normungsinstitut, Wien. 2009-12-01

[83] *ÖNORM B 2242-1:* Herstellung von Warmwasser-Fußbodenheizungen – Werkvertragsnorm – Teil 1: Verfahrensbestimmungen. Österreichisches Normungsinstitut, Wien. 2007-05-01

[84] *ÖNORM B 2242-4:* Herstellung von Warmwasser-Fußbodenheizungen – Werkvertragsnorm – Teil 4: Vertragsbestimmungen für den Estrich. Österreichisches Normungsinstitut, Wien. 2007-05-01

[85] *ÖNORM B 2242-5:* Herstellung von Warmwasser-Fußbodenheizungen – Werkvertragsnorm – Teil 5: Vertragsbestimmungen für keramische Bodenbeläge und Beläge aus Natur- und Kunststein. Österreichisches Normungsinstitut, Wien. 2007-05-01

[86] *OENORM B 2608:* Sporthallen – Richtlinien für Planung und Ausführung. Österreichisches Normungsinstitut, Wien. 2014-04-15

[87] *ÖNORM B 3000-1:* Holzfußböden; Allgemeines. Österreichisches Normungsinstitut, Wien. 1990-08-01

[88] *ÖNORM B 3000-2:* Holzfußböden; Stabparkett. Österreichisches Normungsinstitut, Wien. 1990-08-01

[89] *ÖNORM B 3000-3:* Holzfußböden; Parkettriemen. Österreichisches Normungsinstitut, Wien. 1990-08-01

[90] *ÖNORM B 3000-4:* Holzfußböden; Mosaikparkett (Klebeparkett). Österreichisches Normungsinstitut, Wien. 1990-08-01

[91] *ÖNORM B 3000-5:* Holzfußböden; Tafelparkett- und Parkettdielenelemente. Österreichisches Normungsinstitut, Wien. 1979-12-01

[92] *ÖNORM B 3000-6:* Holzfußböden – Fertigparkettelemente. Österreichisches Normungsinstitut, Wien. 1911-07-01

[93] *ÖNORM B 3000-7:* Holzfußböden; Schiffböden. Österreichisches Normungsinstitut, Wien. 1988-12-01

[94]   *ÖNORM B 3000-8:* Holzfußböden – Teil 8: Holzpflasterklötze. Österreichisches Normungsinstitut, Wien. 2003-05-01

[95]   *ÖNORM B 3000-9:* Holzfußböden – Teil 9: Hirnholzparkett. Österreichisches Normungsinstitut, Wien. 2003-05-01

[96]   *ÖNORM B 3000-10:* Holzfußböden – Teil 10: Wandabschlussleisten und Friese. Österreichisches Normungsinstitut, Wien. 2003-05-01

[97]   *ÖNORM B 3000-11:* Holzfußböden – Teil 11: Blindböden und Unterkonstruktionen aus Holz und Holzwerkstoffen. Österreichisches Normungsinstitut, Wien. 2003-05-01

[98]   *ÖNORM B 3113:* Planung und Ausführung von Steinmetz- und Kunststeinarbeiten. Österreichisches Normungsinstitut, Wien. 2013-11-15

[99]   *ÖNORM B 3407:* Planung und Ausführung von Fliesen-, Platten- und Mosaiklegearbeiten. Österreichisches Normungsinstitut, Wien. 2015-01-15

[100]   *ÖNORM B 3692:* Planung und Ausführung von Bauwerksabdichtungen. Österreichisches Normungsinstitut, Wien. 2014-11-15

[101]   *ÖNORM B 3732:* Estriche – Planung, Ausführung, Produkte und deren Anforderungen – Ergänzende Anforderungen zur ÖNORM EN 13813. Österreichisches Normungsinstitut, Wien. 2013-08-01

[102]   *ÖNORM B 3800-4:* Brandverhalten von Baustoffen und Bauteilen – Bauteile: Einreihung in die Brandwiderstandsklassen. Österreichisches Normungsinstitut, Wien. 2006-09-01

[103]   *ÖNORM B 6000:* Werkmäßig hergestellte Dämmstoffe für den Wärme- und/oder Schallschutz im Hochbau – Arten, Anwendung und Mindestanforderungen. Österreichisches Normungsinstitut, Wien. 2013-09-01

[104]   *ÖNORM B 6035:* Dämmstoffe für den Wärme- und/oder Schallschutz im Hochbau – Gebundene Mineralwolle MW. Österreichisches Normungsinstitut, Wien. 2003-07-01

[105]   *ÖNORM B 6050:* Dämmstoffe für den Wärme- und/oder Schallschutz im Hochbau – Expandierter Polystyrol-Partikelschaumstoff EPS. Österreichisches Normungsinstitut, Wien. 2003-07-01

[106]   *ÖNORM B 7213:* Steinmetz- und Kunststeinarbeiten – Verfahrensnorm. Österreichisches Normungsinstitut, Wien. 2003-05-01

[107]   *ÖNORM B 8110-7:* Wärmeschutz im Hochbau – Teil 7: Tabellierte wärmeschutztechnische Bemessungswerte. Österreichisches Normungsinstitut, Wien. 2013-03-15

[108]   *ÖNORM B 8115-4:* Schallschutz und Raumakustik im Hochbau – Teil 4: Maßnahmen zur Erfüllung der schalltechnischen Anforderungen. Österreichisches Normungsinstitut, Wien. 2003-09-01

[109]   *ÖNORM DIN 18202:* Toleranzen im Hochbau – Bauwerke. Deutsches Institut für Normung e. V., Berlin. 2013-10-01

[110]   *ÖNORM EN 685:* Elastische, textile und Laminat-Bodenbeläge – Klassifizierung. Österreichisches Normungsinstitut, Wien. 2007-11-01

[111]   *ÖNORM EN 1344:* Pflasterziegel – Anforderungen und Prüfverfahren. Österreichisches Normungsinstitut, Wien. 2015-11-15

[112]   *ÖNORM EN 1991-1-1:* Eurocode 1: Einwirkungen auf Tragwerke – Teil 1-1: Allgemeine Einwirkungen – Wichten, Eigengewicht und Nutzlasten im Hochbau (konsolidierte Fassung). Österreichisches Normungsinstitut, Wien. 2011-09-01

[113]   *ÖNORM EN 12004:* Mörtel und Klebstoffe für Fliesen und Platten – Anforderungen, Konformitätsbewertung, Klassifizierung und Bezeichnung. Österreichisches Normungsinstitut, Wien. 2012-08-15

[114]   *ÖNORM EN 12354-2:* Bauakustik – Berechnung der akustischen Eigenschaften von Gebäuden aus den Bauteileigenschaften – Teil 2: Trittschalldämmung zwischen Räumen. Österreichisches Normungsinstitut, Wien. 2000-11-01

[115]   *ÖNORM EN 13162:* Wärmedämmstoffe für Gebäude – Werkmäßig hergestellte Produkte aus Mineralwolle (MW) – Spezifikation. Österreichisches Normungsinstitut, Wien. 2015-03-15

[116]   *ÖNORM EN 13329:* Laminatböden – Elemente mit einer Deckschicht auf Basis aminoplastischer, wärmehärtbarer Harze – Spezifikationen, Anforderungen und Prüfverfahren. Österreichisches Normungsinstitut, Wien. 2008-12-01

[117]   *ÖNORM EN 13501-1:* Klassifizierung von Bauprodukten und Bauarten zu ihrem Brandverhalten – Teil 1: Klassifizierung mit den Ergebnissen aus den Prüfungen zum Brandverhalten von Bauprodukten. Österreichisches Normungsinstitut, Wien. 2009-12-01

[118]   *ÖNORM EN 13813:* Estrichmörtel, Estrichmassen und Estriche – Estrichmörtel und Estrichmassen – Eigenschaften und Anforderungen. Österreichisches Normungsinstitut, Wien. 2003-02-01

[119]   *ÖNORM EN 13888:* Fugenmörtel für Fliesen und Platten – Anforderungen, Konformitätsbewertung, Klassifikation und Bezeichnung. Österreichisches Normungsinstitut, Wien. 2009-07-01

[120]   *ÖNORM EN 13892-1:* Prüfverfahren für Estrichmörtel und Estrichmassen – Teil 1: Probenahme, Herstellung und Lagerung der Prüfkörper. Österreichisches Normungsinstitut, Wien. 2003-03-01

[121]   *ÖNORM EN 13892-2:* Prüfverfahren für Estrichmörtel und Estrichmassen – Teil 2: Bestimmung der Biegezug- und Druckfestigkeit. Österreichisches Normungsinstitut, Wien. 2003-03-01

[122]   *ÖNORM EN 14411:* Keramische Fliesen und Platten – Definitionen, Klassifizierung, Eigenschaften, Konformitätsbewertung und Kennzeichnung. Österreichisches Normungsinstitut, Wien. 2012-11-15

[123]   *ÖNORM EN 14891:* Flüssig zu verarbeitende wasserundurchlässige Produkte im Verbund mit keramischen Fliesen und Plattenbelägen – Anforderungen, Prüfverfahren, Konformitätsbewertung, Klassifizierung und Bezeichnung. Österreichisches Normungsinstitut, Wien. 2013-09-01

[124]   *OENORM EN 14904:* Sportböden – Mehrzweck-Sporthallenböden – Anforderungen (Entwurf). Österreichisches Normungsinstitut, Wien. 2015-09-15

[125]   *OENORM EN 14904:* Sportböden – Sportböden für Hallen und Räume mehrfunktionaler Sportnutzung und Mehrzwecknutzung – Anforderungen. Österreichisches Normungsinstitut, Wien. 2006-07-01

[126]   *ÖNORM EN 16025-1:* Wärmedämmstoffe für den Wärme- und/oder Schallschutz im Hochbau – Gebundene EPS-Schüttungen – Teil 1: Anforderungen an den werkmäßig vorgemischten EPS-Trockenmörtel. Österreichisches Normungsinstitut, Wien. 2013-06-01

[127]   *ÖNORM EN 16069:* Wärmedämmstoffe für Gebäude – Werkmäßig hergestellte Produkte aus Polyethylenschaum (PEF) – Spezifikation. Österreichisches Normungsinstitut, Wien. 2015-05-01

[128]   *ÖNORM EN ISO 140-8:* Akustik – Messung der Schalldämmung in Gebäuden und von Bauteilen – Teil 8: Messung der Trittschallminderung durch eine Deckenauflage auf einer massiven Bezugsdecke in Prüfständen. Österreichisches Normungsinstitut, Wien. 1998-05-01

[129]   *OENORM EN ISO 10545-6:* Keramische Fliesen und Platten – Teil 6: Bestimmung des Widerstands gegen Tiefenverschleiß für unglasierte Fliesen und Platten (ISO 10545-6:2010). Österreichisches Normungsinstitut, Wien. 2012-04-01

[130]   *OENORM EN ISO 10545-7:* Keramische Fliesen und Platten – Teil 7: Bestimmung des Widerstandes gegen Oberflächenverschleiß – Glasierte Fliesen und Platten (ISO 10545-7:1996) (Berichtigung). Österreichisches Normungsinstitut, Wien. 1999-12-01

[131]   *OENORM S 4616:* Sportgeräte für Hallen – Räder für Turn- und Sportgeräte in Sporthallen. Österreichisches Normungsinstitut, Wien. 1991-06-01

[132]   *OENORM Z 1261:* Begehbare Oberflächen – Messung des Gleitreibungskoeffizienten in Gebäuden und im Freien von Arbeitsstätten. Österreichisches Normungsinstitut, Wien. 2009-07-15

[133]   *OVE EN 61340-4-1:* Elektrostatik – Teil 4-1: Standard-Prüfverfahren für spezielle Anwendungen – Elektrischer Widerstand von Bodenbelägen und verlegten Fußböden (IEC 61340-4-1:2003 + A1:2015) (deutsche Fassung). Österreichisches Normungsinstitut, Wien. 2016-05-01

[134]   *SIA Norm 251:* Schwimmende Estriche im Innenbereich. PAVIDENSA, Bern. 2008

PROSPEKTE

[135]   *Firma MAPEI:* Zementestrich Austrocknungsbeschleuniger – Anwendungsbroschüre. Erlenbach. 2012-04

[136]   *Firma MAPEI:* Professionelle wirtschaftliche Lösungen zur fachgerechten Herstellung von Estrichen – Estrichbroschüre. Erlenbach. 2014-06

[137]   *Firma Sika Schweiz AG:* Schnell trocknende Zementestriche – Beschleunigter Baufortschritt mit SikaScreed. Zürich. 2011-06

INTERNET

[138]   *Fachverband der chemischen Industrie Österreich:* www.fcio.at. FCIO, Wien. 2016-04

Sachverzeichnis